ASESINOS EN SERIE

ASESINOS EN SERIE

ALBERTO JIMÉNEZ GARCÍA

LIBSA

© 2024, Editorial LIBSA
C/ Puerto de Navacerrada, 88
28935 Móstoles. Madrid
Tel. (34) 91 657 25 80
e-mail: libsa@libsa.es
www.libsa.es

ISBN: 978-84-662-4274-5

Textos: Alberto Jiménez García
Ilustración: Shutterstock images y GettyStock / Archivo Libsa
y equipo editorial LIBSA
Edición: equipo editorial LIBSA
Maquetación: Alberto Jiménez García
Diseño de cubierta: equipo de diseño LIBSA

DL: M-17552-2023

CONTENIDO

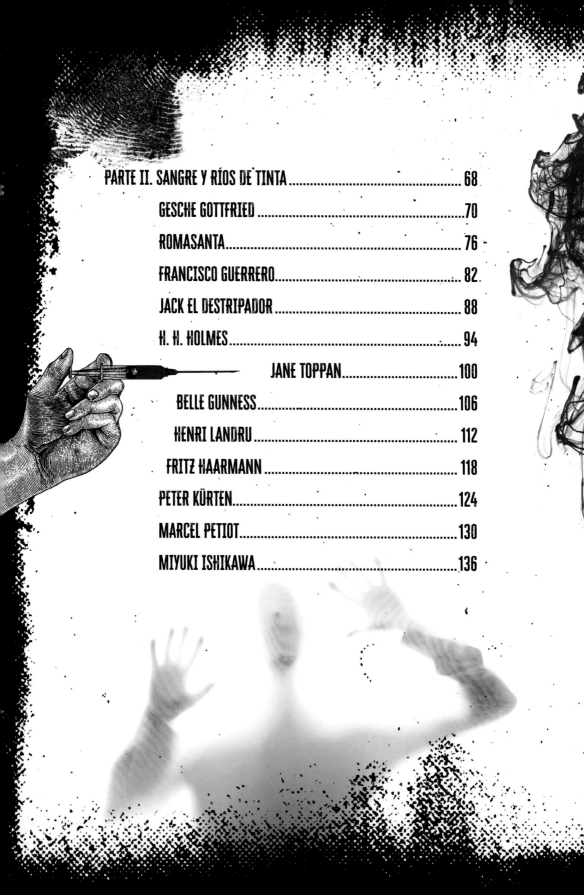

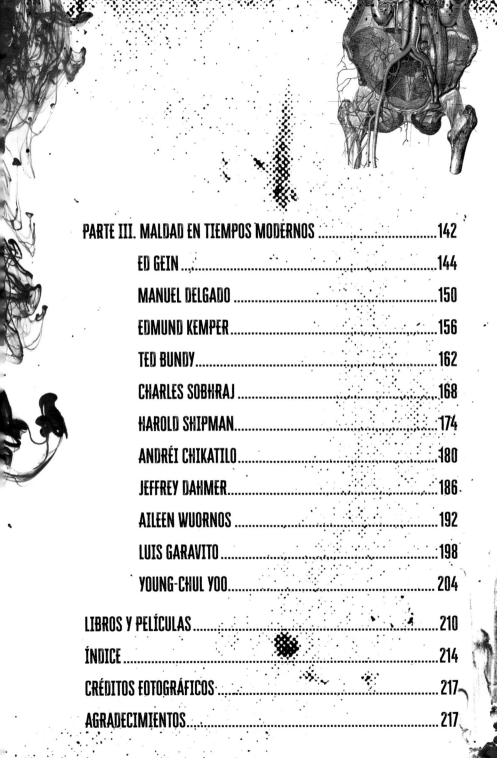

PRESENTACIÓN

Nos enfrentaremos a 29 atroces asesinos en serie en las siguientes páginas. Será un recorrido solo apto para mentes frías y estómagos trabajados, pero sin buscar las cosquillas al lector. No vamos a sazonar la crudeza de los hechos con fotografías escabrosas, con cuerpos desmembrados y órganos fuera de lugar. Que trabaje nuestra mente. Algo que –pedimos disculpas por adelantado– puede ser aún peor.

El libro está estructurado en tres partes, en forma de recorrido cronológico. En **UNA ÉPOCA OSCURA** trataremos de los asesinos en serie de unos tiempos lejanos, que van de la antigua Roma hasta el siglo XVIII. El elemento que vertebra a estos asesinos es la falta de información periodística sobre ellos. No es un dato baladí. Si bien los primeros periódicos europeos comienzan a surgir a finales del siglo XVII, la popularización de los mismos no llegará hasta bien entrado el siglo XIX. Es la abundancia de información, los diferentes puntos de vista y la conservación de los mismos lo que nos ofrece un historial de los crímenes. Por lo tanto, estos primeros crímenes adolecen de una cierta «brumosidad», ya que nos han llegado a través de muy pocas fuentes –historiadores de la época o tradición oral–. Sin embargo, sabemos que la afición de los humanos a dar muerte viene de largo, con lo que hay que contar con aquella época oscura.

Empezaremos con Locusta, la primera asesina en serie –hombre o mujer– de la que se tiene noticia, una envenenadora que fue declarada un «arma de estado» en plena época de los primeros emperadores romanos. Después nos trasladaremos directamente hasta el medievo y la Edad Moderna, donde encontramos casos realmente atroces, como los de Gilles de Rais o Erzsébet Báthory, aristócratas que se aprovecharon de su situación y falta de escrúpulos para ningunear el valor de la vida humana. Sin embargo, hoy se levantan voces que intentan, si no defenderlos, al menos poner

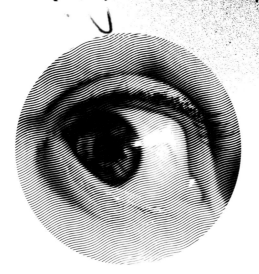

un asterisco en su historial, ya que consideran que quizá fueron víctimas de una propaganda desmedida por parte de sus rivales políticos. Y no solo eso. El caso de Báthory, como el de la «bruja» Alice Kyteler, encierran otro sesgo: hay indicios de que a las mujeres de esos tiempos, cuando protagonizaban asuntos turbios o, directamente, asesinaban, se les achacaban maldades demoníacas que exageraban el halo de sus crímenes.

Con **SANGRE Y RÍOS DE TINTA** empezamos la segunda parte del libro, que coincide con la llegada del siglo XIX. Como comentábamos antes, es a partir de entonces cuando podemos informar de los casos con más conocimiento de causa, puesto que se conservan datos e imágenes de diversas fuentes, tanto periodísticas como judiciales. Por entonces asoman casos sorprendentes como el de Romasanta, un asesino español que mataba –decía– porque se transformaba en licántropo. O de perversas envenenadoras como Gesche Gottfried, de quienes sus vecinos se apiadaban porque se iba quedando sola en la vida. Algo parecido le pasaba a Jane Toppan, una enfermera cuyos clientes se le iban muriendo, pobrecilla. Para clientes desafortunados, los bebés de Miyuki Ishikawa, quien voluntariamente los dejaba morir de hambre. Luego tenemos las (y los) *viudas negras*, como Belle Gunness o Henri Landru, para quienes un anuncio en prensa solo era el primer hilo de una tela que iba a envolver a sus presas, anhelantes de amor, en una mortaja. Fritz Haarmann y Peter Kürten comen en otra mesa, la de los pervertidos sexuales incapaces de

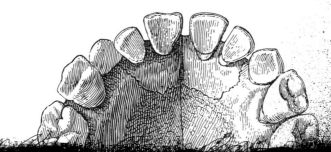

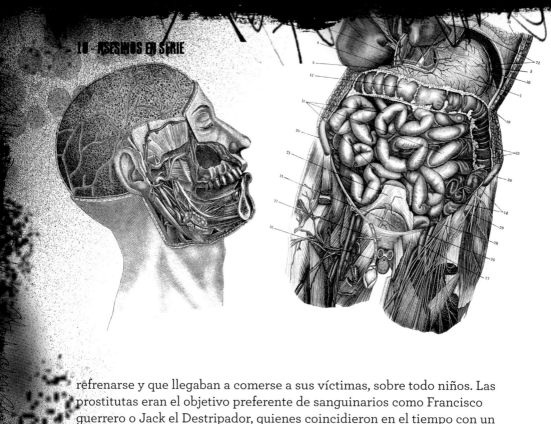

refrenarse y que llegaban a comerse a sus víctimas, sobre todo niños. Las prostitutas eran el objetivo preferente de sanguinarios como Francisco guerrero o Jack el Destripador, quienes coincidieron en el tiempo con un océano de por medio. Otros, como H. H. Holmes o Marcel Petiot eran –en cierto modo– aún más abyectos, puesto que asesinaban tan solo por dinero, estaban perfectamente cuerdos, simplemente había algunos semejantes que les molestaban y se los quitaban de en medio. Son crímenes cometidos hace uno o dos siglos, a los que podemos mirar ya con cierta distancia pese a su crudeza. Fue el director de cine austriaco Billy Wilder quien dijo aquello de que tragedia + tiempo = comedia. Aquí nada de lo que se cuenta es para reírse, pero al menos los años nos permiten ver esos abominables crímenes con la sordina de impone el paso del tiempo.

Tras la Segunda Guerra Mundial nuestro mundo cambió y eso es lo que intenta reflejar la tercera parte del libro, **MALDAD EN TIEMPOS MODERNOS**. Si antes decíamos que a partir del siglo XIX aumentaba la cantidad y la fidelidad de la información, desde mediados de siglo XX comienza la época de los medios de masas. Ya no nos toparemos con la oscuridad de un medievo, sino con su –¿tenebroso?– reverso: la sociedad de consumo, donde también la información se consume y forma

parte del negocio económico. Los crímenes se publicitarán a los cuatro vientos y alarmarán a la población. Conoceremos hasta el más escabroso de los detalles de un crimen, quizá hasta veamos el resultado y nos contarán la vida de los delincuentes desde su infancia hasta el momento del arresto.

En ocasiones –más de las que necesitamos– estos criminales gozarán de una atención desmedida y se convertirán en figuras engullidas por la cultura pop. Es el caso de Ed Gein, un criminal que «creó escuela» y al que el cine y la televisión ha imitado en varias creaciones. Asesinos norteamericanos como Ted Bundy, Edmund Kemper, Aileen Wuornos o Jeffrey Dahmer han visto cómo sus vidas se convertían en películas o series y casi parecen figuritas de porcelana del crimen macabro, como si no hubiesen vivido y matado de veras, y tan solo fuesen como las sombras de un mundo real menos sólido que el de la ficción. Pero asesinos en serie hay en todas las partes del globo, como en el caso de Charles Sobhraj, un «ciudadano del mundo» capaz de matar por dinero allá donde pasase. Young-Chul Yoo, Andréi Chikatilo, Manuel Delgado o Luis Garavito nos recuerdan que el azote de los violadores y los pervertidos es un mal extendido y universal, una mancha que la humanidad no parece terminar de sacudirse. Y queda otro asesino, Harold Shipman, que representa como a nadie al criminal que, sin derramar una sola gota de sangre, es capaz de acabar con la vida de centenares de personas con la complicidad de la química.

Resulta difícil determinar, después de este recorrido, si es peor matar por dinero, por locura, a cuchillo, con veneno... Y uno se da cuenta de que el error está en plantearse la pregunta, porque cualquier respuesta sería capciosa. Disponer de la vida de los otros, anular lo que de nacimiento nos pertenece, carece de sentido. Hagamos de este festival de la muerte un homenaje a la vida, ese regalo con fecha de caducidad que se nos ha dado y que no debemos emplear en contra de nuestros semejantes. Esperamos, al menos, que cada lector encuentre su propia conclusión.

INTRODUCCIÓN

QUE NO NOS engañen las fotografías en blanco y negro, las texturas viejas y arrugadas o los autos desfasados. Los criminales que nos esperan a continuación son del pasado, sí, pero tanto como lo seremos nosotros más pronto que tarde. No es, pues, que en «aquellos tiempos pasaban aquellas cosas». La historia y la ciencia nos previenen de que también sucederán en los venideros y, lo más importante, están sucediendo en estos mismos en los que el lector se aplica sobre estas líneas.

Eso último es inquietante.

Si la historia y la ciencia saben ya que sigue y seguirá habiendo asesinos en serie, ¿pueden también luchar contra ellos? La disciplina que se ocupa del estudio del crimen es la CRIMINOLOGÍA, término acuñado en 1885 por el jurista italiano Raffaele Garófalo en su obra *Criminología: estudio sobre el delito, sobre sus causas y la teoría de la represión*. Desde la antigua Grecia, los grandes filósofos como Sócrates –quien, por cierto, murió ajusticiado como criminal, corruptor de mentes de la juventud ateniense–, Platón o Aristóteles escribieron sobre el porqué del delito y de los delincuentes y señalaban a estos últimos como personas carentes de *algo*, como si en su alma o en su cerebro hubiese un hueco por el que el *mal* se colase, y que además podría ser hereditario, en una especie de teoría de la evolución predarwiniana mal entendida. En la Edad Media algunos estudiosos quisieron investigar crímenes aislados desde un punto de vista médico, pero con los resultados limitados que se podían obtener por entonces.

No será hasta finales del siglo XIX cuando se aúnen diversas ciencias para dar forma a lo que hoy entendemos por criminología, que bebe de los saberes que proporcionan la psicología, la sociología, la medicina y la antropología, e incluso de las matemáticas, la física y la química. Con estas armas quiere estudiar el fenómeno criminal, así como el proceso de definición y sanción de las conductas criminales, para lo cual se apoya en el derecho penal. Y, cómo no, también se centra en la prevención y el tratamiento de estas conductas.

Ilustración que representa el juicio de Sócrates, en el año *399* a. C.

Sócrates , Platón o Aristóteles escribieron sobre el porqué del delito y de los delincuentes y señalaban a estos últimos como personas carentes de *algo*.

> La medicina forense dio un gran paso con la aparición de la biometría, una ciencia basada en el reconocimiento de una característica física o biológica para identificar a una persona.

ORÍGENES DE LA CRIMINOLOGÍA

Se considera a Cesare Lombroso (1835-1909) como el primer criminólogo moderno por sus estudios detallados sobre el delincuente. Este médico italiano fundó la escuela de criminología positivista, también conocida como la Nueva Escuela (*Nuova Scuola*). Se acercó al criminal desde un punto de vista biológico, ya que pensaba que la forma y las causas físicas estaban detrás del acto de delinquir. Fue una evolución de los postulados que hacia 1800 presentó el neuroanatomista alemán Franz Joseph Gall. La frenología pretendía anticipar el carácter y los rasgos de la personalidad – en especial, las tendencias criminales– según la forma del cráneo, una idea ya desechada. Lombroso contaba con otras variables que según él influirían en la aparición de un criminal, como por ejemplo el clima, la orografía, el grado de civilización, la densidad de población, la alimentación, el alcoholismo, la instrucción, la posición económica y hasta la religión.

El positivismo de Lombroso excluía juicios morales o sentimentales; observaba el «hecho criminal» como un objeto. Y no aportaba muchas esperanzas de solución, como se deduce de sus escritos:

«En realidad, para los criminales natos adultos no hay muchos remedios: es necesario o bien secuestrarlos para siempre, en los casos de los incorregibles, o suprimirlos, cuando su incorregibilidad los torna demasiado peligrosos».

Los postulados del positivismo criminológico ya se consideran superados; sin embargo, supusieron el primer avance serio en el estudio del crimen.

Fotografía del criminólogo Cesare Lombroso.

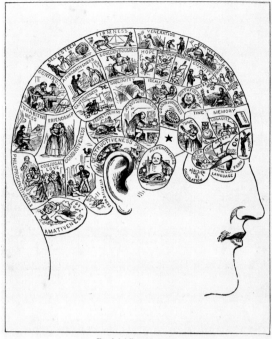

Phrenological Chart of the Faculties.

Una ilustración del siglo XIX sobre frenología.

LA ENEMIGA DEL CRIMEN

La medicina forense es la encargada de aplicar los saberes médicos y biológicos para la resolución de los problemas que plantea el Derecho. Son los médicos forenses (o «legistas») quienes determinan la causa de la muerte mediante el examen de un cadáver (en la actualidad también hay fotógrafos forenses, que son los especialistas en capturar las fotografías correctas para analizar la escena de un crimen). Suelen acudir con el juez de guardia y el ministerio fiscal cuando se procede al levantamiento del cadáver tras una muerte sobre la que recaen indicios de criminalidad o violencia; examinan y toman muestras en el lugar de los hechos, y son los encargados de determinar la hora probable de la muerte de la víctima.

La medicina forense dio un gran paso con la aparición de la biometría –una ciencia basada en el reconocimiento de una característica física o biológica para identificar a una persona–, una de cuyas ramas es la dactiloscopia. Merece la pena recordar que fue el argentino –nacido en lo que hoy es Croacia– Juan Vucetich (1858-1925) quien desarrolló y puso por primera vez en práctica un sistema eficaz para la identificación de personas por sus huellas dactilares. Desde la época de las antiguas Babilonia y Persia se empleaban las impresiones dactilares para dar fe sobre registros en arcilla,

EL ORIGEN DEL TÉRMINO «FORENSE»

Resulta curioso conocer el origen de la palabra «forense». Ese término nos ha llegado desde el adjetivo latino *forensis*, que significa «perteneciente o relativo al foro». ¿Y qué tiene esto que ver con la medicina y el crimen? Tenemos que irnos hasta el imperio romano, cuando una imputación por crimen implicaba presentar el caso en cuestión ante un grupo de pretores (los

jueces de entonces). Se hacía en el foro, situado en la confluencia del cardo con el decumano (las calles principales del trazado ortogonal), que constituía el centro de la ciudad y de la vida pública romana.

Tanto la persona a la que se acusaba por haber cometido el crimen como el denunciante tenían que explicar su versión de los hechos. La argumentación, las pruebas y el comportamiento de cada persona determinaba el veredicto de los pretores.

pues ya se conocía su carácter único, como en China. En 1883, el francés Alphonse Bertillon había publicado un método para la identificación de personas basado en el registro de las medidas de diversas partes del cuerpo. Su método antropométrico, que adoptaron las policías de Francia y otras partes del mundo, se mostró inútil cuando se hallaron dos personas diferentes con el mismo conjunto de medidas.

En 1892, el antropólogo inglés Francis Galton publicó su libro *Huellas dactilares*, en el que verificó que esas huellas no variaban durante toda la vida de un individuo y que, incluso en el caso de gemelos idénticos, resultaban distintas. Aunque era un estudio orientado a la determinación de las características raciales hereditarias, él mismo se dio cuenta de que sería más útil para la identificación de personas.

Vucetich fue quien supo darle mejor orientación para la lucha contra el crimen. El 1 de septiembre de 1891, Vucetich completó las primeras fichas dactilares con las huellas de 23 convictos, razón por la que esa fecha se estableció como Día Mundial de la Criminalística. Meses después, la policía argentina se enfrentó a un horrible infanticidio por el que se detuvo al

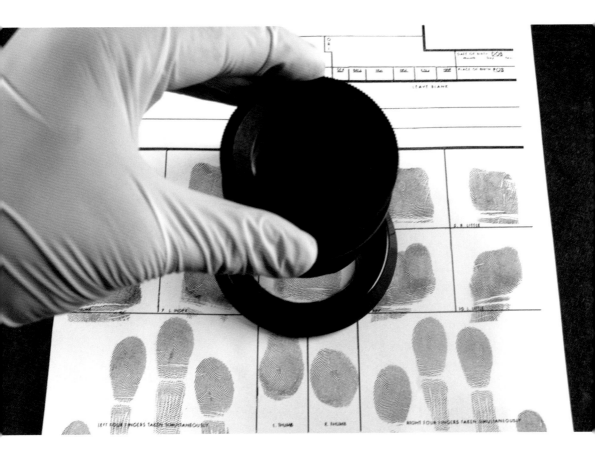

padre de dos niños que aparecieron degollados en la cama, mientras que su mujer agonizaba con heridas en el cuello. Una vez recuperada, esta acusó a un amigo de la familia de los crímenes. Sin embargo, la investigación policial pronto ayudó a apuntalar la verdad. Fue la madre quien mató a los hijos e intentó dejar pruebas que incriminasen a otros... pero había dejado sus huellas ensangrentadas por la vivienda. Aquello permitió una perfecta reconstrucción del crimen y determinar la autoría del infanticidio.

Cabe destacar que existen otros medios de identificación individual que permiten reconocer a una persona:

- El OTOGRAMA o huella de oreja es el vestigio más común en los escenarios de robos con fuerza. Se identifica cuando el criminal apoya su zona auditiva en superficies planas para escuchar si hay alguien al otro lado.

- La RUGOSCOPIA, que permite la identificación mediante el estudio, clasificación y registro de las rugosidades que existen en el cielo del paladar de la boca.

> La medicina forense es la encargada de aplicar los saberes médicos y biológicos para la resolución de los problemas que plantea el Derecho.

- La QUEILOSCOPIA, el estudio e investigación de las características de los labios (como su grosor, patrón de los surcos, mucosas, comisuras, etc.) y sus huellas. Estas también son individuales, permanentes e invariables, aunque no en el caso de gemelos monocigóticos).

- La OCLUSOGRAFÍA, un sistema que permite identificar a quien ha mordido por la marca su dentellada en la piel de la víctima, donde se forma un «negativo» de sus propias piezas dentales.

- Asimismo, con las mejoras tecnológicas, la BIOMETRÍA cuenta cada vez con más técnicas para la identificación de personas, como los patrones de iris, retina, geometría de la mano, de voz y de cara bidimensional o tridimensional.

ASESINATOS Y ASESINOS

Antes de entrar en materia, conviene establecer en primer lugar una serie de aclaraciones previas.

Diferencias entre homicidio y asesinato. Un homicidio es el acto de matar a alguien, por acción u omisión, con intención o sin intención. El homicida no mata por alevosía, recompensa o ensañamiento. Esas son, no obstante, las características que suelen tipificarse como propias del asesinato. En este, la intensidad del propósito criminal es innegable, y apareja planes y estrategias previos. Por ejemplo, se puede tener la intención de matar a alguien pero sin ensañarse, sin alevosía ni recompensa, lo que se calificaría como homicidio. Sin embargo, no existe el asesinato imprudente, porque lleva siempre asociada la intencionalidad.

Debemos también saber diferenciar tres **tipos de asesinos** que podrían confundirse en un primer momento:

EL ASESINO EN MASA. Es aquel que mata a cuatro o más personas en un mismo lugar y momento, sin existir enfrentamiento. A menudo, tras

VIDOCQ: LAS DOS CARAS DE LA MONEDA

Cuando hablamos de avances en la lucha contra el crimen, resulta a la vez curioso y justo pasar por la figura de Eugène-François Vidocq (1775-1857). La historia lo guarda como ilustre policía y detective, uno de los principales impulsores del cuerpo policial francés. Y así fue, pero su pericia contra el crimen no solo le llegó por su gran intelecto, sino porque Vidocq «surgió» de sus sombras.

Durante su juventud fue bandido, estafador y pirata. Fue condenado a muerte y sus contactos familiares le libraron de la guillotina. Lo encerraron en prisión en varias ocasiones y

Grabado que representa a Vidocq.

siempre logró escapar: entre otras virtudes, era un maestro del disfraz. Hasta que empezó a ofrecerse como informador para la policía y trabajó como infiltrado en bandas de delincuentes y en prisión. Fue ascendiendo y se le entregaron las más altas responsabilidades. Mejoró las técnicas antropométricas de manera notable, realizó los primeros estudios de balística, así como el registro y creación de expedientes con las pesquisas de los casos. Fue pionero a la hora de utilizar moldes para recoger huellas en la escena del crimen.

Vidocq fundó la primera agencia privada de detectives que se conoce en 1833. Tuvo problemas con la justicia, fue condenado, absuelto y pasó a dedicarse a la escritura de novelas policíacas. Se dice que el escritor estadounidense Edgar Allan Poe se inspiró en él para crear a su detective C. Auguste Dupin y Víctor Hugo confesó que fue su modelo para los personajes antagónicos de Jean Valjean y del inspector Javert, en su novela *Los miserables*. Como ellos, Vidocq fue héroe y villano a la vez.

su explosión violenta, se suicidan. Un caso tristemente conocido en la actualidad es el de quienes entran en un centro estudiantil y disparan contra los alumnos.

EL ASESINO ITINERANTE. Es aquel que mata a dos o más víctimas en un breve periodo de tiempo y en distintos lugares. El tiempo que transcurre entre un crimen y otro no se debe a que deje un periodo de enfriamiento, tan solo es el tiempo mínimo hasta que encuentra a una nueva víctima. También se le conoce como «asesino relámpago» o «frenético». Como en el caso anterior, la motivación no suele ser sexual.

EL ASESINO EN SERIE. Es aquel que asesina a tres o más personas con un período de enfriamiento entre cada asesinato. Su motivación suele encontrarse en la gratificación psicológica que le proporciona cometer dicho crimen, que viene a subsanar alguna carencia. No siempre, pero sus motivaciones pueden ser sexuales, sobre todo en el caso de varones. Entre crimen y crimen se suele mezclar de nuevo con la sociedad, aparentando normalidad. Es el tipo de asesino que nos ocupa en este libro.

La psiquiatría llama «síndrome de Amok» a un comportamiento muy común a los dos primeros tipos. Consiste en una súbita explosión de rabia, salvaje y espontánea, que impulsa a una persona a correr con un arma, de modo que hiere o incluso mata a todo ser vivo que se cruce en su carrera, de manera indiscriminada y sin freno, mientras no sea inmovilizado, abatido o se suicide. El origen del término procede de la palabra malaya *meng-âmok*, que quiere decir «atacar y matar con ira ciega», puesto que fue en ese país donde se observó el fenómeno por primera vez. Amok es una palabra aceptada en el Diccionario de la Real Academia Española, con la acepción «Entre los malayos, ataque de locura homicida».

CRIME SCENE DO NOT CROSS

LOS ASESINOS EN SERIE

Ya hemos detallado a quién se considera asesino en serie, al menos desde un punto de vista cuantitativo. Pero, ¿y qué hay de sus razones? Por suerte, desde un punto de vista estadístico, los estudiosos no han tratado con una muestra suficientemente amplia como para establecer conclusiones definitivas. Aunque existen más casos de los que nos gustaría, a menudo un asesino en serie se suicida o es abatido. Y si entran en prisión, pueden estar locos, no colaborar o acabar sentenciados a muerte.

En 1990, no obstante, los psicólogos P. E. Dietz, R. R. Hazelwood y J. Warren, en su trabajo *The sexually sadistic criminal and his offenses*, estudiaron casos de asesinato serial ocurridos entre 1984 y 1989 y ofrecieron una sucesión de patrones:

No resulta fácil investigar la mente de un asesino en serie porque hay relativamente pocos vivos, poco dispuestos a colaborar o han sido declarados locos.

- Gran parte de los asesinos declararon haber sido víctima de abusos sexuales en la infancia.

- Un 57 % de ellos no tenía antecedentes delictivos previos. Una proporción similar consumía un exceso de drogas y medicamentos, elemento que para los autores conduce a una pérdida de inhibición a la hora de cometer estos actos.

- El 93 % de los asesinos planificó con cuidado sus crímenes, y empleó la sorpresa o el engaño para llegar hasta sus víctimas.

- En cuanto a las agresiones sexuales, la penetración oral y anal fueron más comunes que la vaginal, lo que en opinión de estos autores proporciona al agresor una sensación de poder mayor sobre la víctima.

- La muerte por estrangulación con telas o con las propias manos fue la más habitual, seguida del uso de armas de fuego y el apuñalamiento.

Existe otro, realizado por el forense Maurice Godwin y publicado en 2000, que analiza 107 asesinos en serie estadounidenses responsables de 728 asesinatos. Identifica una serie de variables sobre las que realizó un análisis estadístico:

- El 53% de los asesinos tenían entre 26-42 años.

- • El 95% eran varones.

- No conocían a la mayor parte de sus víctimas y no mantenían relación alguna con ellas.

- Un 67 % de los asesinos tenía un puesto de trabajo en el momento de los asesinatos, lo que va contra la percepción de que estos depredadores buscan de continuo a nuevas víctimas.

- El 59 % carecía de pareja en el momento del arresto.

- El 80 % de los asesinos decían ser heterosexuales y el 64 % consumía material pornográfico. Esto apuntalaba otros estudios en los que se indicaba que estos materiales estimulan las conductas violentas.

- El 56 % no había terminado los estudios de secundaria, lo que desmontaría la idea de que los asesinos en serie suelen ser muy inteligentes.

- El 61 % de los asesinos contaban con antecedentes por robo y asalto y el 24 % ya había sido encarcelado por crímenes violentos.

- El 54 % suele atacar de forma repentina, y emplea ligaduras o mordazas como forma de inmovilización más habitual.

- El apuñalamiento con cuchillo y la estrangulación mecánica o manual son las formas de dar muerte más comunes.

- Las agresiones sexuales más frecuentes suelen ser la penetración vaginal y anal.

- Se torturó al 48 % de las víctimas antes de que las matasen.

- El 24 % de los asesinos se llevó algún objeto como trofeo de la escena del crimen.

- La mayoría de los asesinos enterraron y/o transportaron a sus víctimas para evitar que las descubriesen.

- El 86 % de los asesinos planificó sus asesinatos, como se deducía al estudiar su *modus operandi*.

Existen además otras clasificaciones. R. Holmes y J. DeBurger, en su estudio de 1988 *Serial Murder*, clasificaron a los asesinos en serie según su motivación:

- **Visionario**: es un psicótico que tiene alucinaciones auditivas que le incitan a matar.

- **Misionario**: se diferencia del visionario en que no tiene alucinaciones, elabora un idea delirante en la que tiene la misión de acabar con determinado tipo de personas (prostitutas, drogadictos, vagabundos...), se cree un salvador, un redentor.

- **Hedonista**: mata por el puro placer que le produce acabar con la vida de otra persona.

- **Dominante**: mata por la sensación de poder que le produce tener en sus manos la vida y la muerte de una persona. Busca la sensación de control y poder.

ENTREVISTAS CON LOS ASESINOS

Robert Ressler (1937-2013) fue uno de los mayores estudiosos de los asesinos en serie. Trabajó durante décadas para el FBI como especialista en la identificación y captura de asesinos. Supo trazar como nadie el perfil psicológico de un asesino. Durante su dilatada carrera entrevistó a cientos de criminales, a los asesinos en serie más despiadados

de su época. En una de sus obras relató una anécdota un tanto macabra que le sucedió durante uno de aquellos encuentros, que nos da la medida de lo imprevisible que resulta tratar con esos criminales. Kessler acudió al Centro Médico de California para entrevistarse con el convicto Edmund Kemper.

«Ese día estaba muy contento por la buena relación que había logrado con Kemper y porque tenía por fin una entrevista a solas con él. […] Tras cuatro horas de entrevista pulsé el botón para avisar al guardia que me dejara salir. No apareció nadie, así que seguí la conversación. […] Después de unos minutos más volví a tocar el botón, sin respuesta. Quince minutos después de la segunda vez, nadie venía. Debió de cruzar una expresión de miedo por mi cara, a pesar de intentar mantener la calma y Kemper la detectó. "Tranquilo. Están cambiando de turno. Puede que tarden 15 o 20 minutos en venir a por ti", me dijo. "Si ahora se me cruzaran los cables, ¿no crees que lo pasarías mal? Te podría arrancar la cabeza y ponerla sobre la mesa para que el guardia la viera al entrar". Creí que me iba a volver loco. Sabía que tenía razón. Unos minutos después le dije "Ed, no me digas que crees que vendría aquí sin tener algún modo de defenderme". "No me jodas Ressler, aquí no te dejarían entrar con armas", argumentó él. Gané tiempo alargando la conversación. Hablamos un rato sobre las artes marciales, que muchos presos aprenden para poder defenderse, hasta que finalmente apareció un guardia y abrió la puerta. Cuando Kemper iba a salir con el guardia, me puso la mano en el hombro y dijo "¿Sabes que solo estaba bromeando, verdad?". "Por supuesto" dije, soltando un gran suspiro».

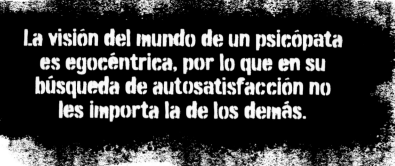

La visión del mundo de un psicópata es egocéntrica, por lo que en su búsqueda de autosatisfacción no les importa la de los demás.

J. A. Fox y J. Levin (*Extreme Killing: Understanding Mass and Serial Murder*, 1985) elaboraron otra clasificación para los motivos de los asesinos seriales:

- **Emocional**: este asesino se mueve por la inclinación de experimentar sensaciones fuertes. Tiene dos subtipos, el sádico, que se excita con el dolor de la víctima y el dominante, que necesita experimentar la sensación de dominación y control sobre la víctima.

- **Misionario**: este asesino cree que tiene una misión que cumplir con sus asesinatos. Tiene dos subtipos, el reformista, que no tiene alucinaciones y el visionario, que sí las tiene.

- **Por conveniencia**: asesino que consigue un beneficio con sus víctimas. Tiene dos subtipos, el que saca provecho, que suele ser un sicario, un asesino a sueldo, y el protector, que asesina para eliminar testigos y protegerse.

LOS PSICÓPATAS Y LOS PSICÓTICOS

Los asesinos en serie psicópatas son más peligrosos que aquellos con esquizofrenia, puesto que, de primeras, no tienen ningún problema de adaptación social. Hay que apuntar que los psicópatas no son enfermos mentales. Un psicópata asesino en serie es capaz de sopesar lo que está bien y lo que no: si decide hacer el mal, es bajo su libre albedrío. Sin embargo, los psicóticos se caracterizan por distorsionar de la realidad, y no llegan a distinguir lo que está prohibido de lo que no.

Para hacernos una idea, ni todos los delincuentes son psicópatas, ni todos los psicópatas acaban siendo delincuentes. Los psicópatas llevan dentro de sí rasgos que les pueden provocar conductas antisociales; sin embargo, muchos son capaces de luchar contra esa tendencia y reprimirla, porque saben que está mal o porque les acarreará consecuencias. La mayoría de los psicópatas ni está en la cárcel ni tienen por qué estarlo; en muchas ocasiones son respetados y altos cargos sociales.

La visión del mundo de un psicópata es egocéntrica, por lo que en su búsqueda de autosatisfacción no les importa la de los demás. La percepción que tienen de sí mismos es muy elevada, asociada a una sensación de omnipotencia. Además, bajo una primera capa de integración social, manifiestan desapego u odio a su medio, puesto que tienden a la desconfianza hacia los otros: para un psicópata, la confianza equivale a debilidad o ingenuidad.

Los trastornos psicóticos, en cambio, se acercan a lo que conocemos popularmente como locura. Los pensamientos o comportamientos de las personas psicóticas van minando con el tiempo a quienes los sufren, lo cual deteriora notablemente sus relaciones sociales. Esos trastornos suelen conllevar síntomas como alucinaciones o delirios, y una expresión oral pobre o catatónica. Además, a menudo el psicótico es incapaz de tomar consciencia de su enfermedad. Puede darse una pérdida del sentido de la realidad y en esa realidad paralela se amalgaman el bien y el mal. Por supuesto, aquellos con trastornos psicóticos no resultan por defecto peligrosos; es más, lo normal es que resulten inofensivos, y que en ocasiones sean víctimas de abusos o malos tratos.

ASESINOS HOMBRES, ASESINOS MUJERES

En las páginas de este libro aparecen el doble de asesinos varones que de asesinas mujeres. Sin embargo, es una proporción que no representa la

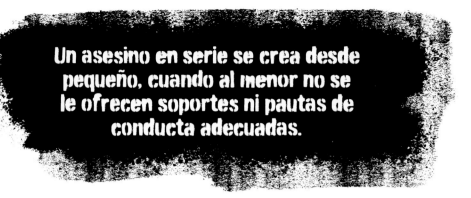

Un asesino en serie se crea desde pequeño, cuando al menor no se le ofrecen soportes ni pautas de conducta adecuadas.

realidad, ya que –de media–, cerca del 95 % de homicidas en el mundo son mujeres. En una estadística del año 2014 de las Instituciones Penitenciarias españolas, frente a los 3 177 hombres que se encontraban encarcelados por homicidio, había 210 mujeres.

¿Por qué sucede esto? Hay corrientes que se van hasta el origen de la especie humana, alegando que el hombre tiene más agresividad motora que la mujer, y que eso se ha «guardado» en el cromosoma Y. Abundando en esto, la antropología afirma que el hombre, el cazador durante el Paleolítico, salía a cazar y eso generó una mayor agresividad, mientras que en el Neolítico, dicha agresividad se trasladó de la caza a otras competiciones como la agricultura, en la que la violencia se relaciona con la defensa del territorio.

La doctora en Ciencias Policiales Montserrat López Melero ha establecido el siguiente cuadro con los rasgos más comunes en las mujeres asesinas:

Respecto a los rasgos psicopáticos, son muy parecidos a los del hombre.	Son muy ambiciosas, carecen de empatía, tienen necesidad de controlar absolutamente todo.
Son menos violentas que los hombres.	No suelen cometer homicidios de carácter sexual, no es una fantasía en la mujer asesina.
No suelen utilizar armas de fuego o armas blancas.	Planean el crimen meticulosamente y muy controladamente.
Llevan a cabo conductas antisociales, frecuentes cambios emocionales, pero no son impulsivas como el hombre, son más pacientes y meticulosas.	El móvil de sus actos delictivos suele ser, primero el dinero, luego la venganza y después el control sobre las personas y la dominación sexual.
Suelen matar a personas que conocen, y si no las conocen se preocupan por entablar una amistad o una confianza con ellas.	No se aprecia en ellas el rasgo de quienes durante la infancia hayan tenido episodios turbulentos.

CONCLUSIONES

Resulta complicado sacar algo en claro en el análisis de tanta maldad como la que nuestros lectores están a punto de asomarse. Si acaso –y no es nada nuevo– que hay que evitar a toda costa una infancia traumática. Se conoce que gran parte de los asesinos en serie sufrieron abusos durante su niñez, ya sea física, sexual o psicológicamente, puesto que existe una correlación entre dichos abusos y los crímenes que cometen. Qué hubieran dado por una infancia sin asperezas gran parte de los asesinos que nos acechan a la vuelta de unas páginas. Cualquier cosa, probablemente. Más aún sus víctimas.

En la dicotomía –si es que existe– entre si un asesino en serie nace o se hace, con los casos que vamos a proponer la tesis estaría clara: un asesino en serie se crea –inconscientemente– desde pequeño, cuando al menor no se le ofrecen soportes emocionales ni pautas de conductas adecuadas. O, por qué no recurrir a un lenguaje menos técnico cuando nos vamos a entender mejor: cuando no recibe el suficiente cariño. Qué viejo, qué real: el amor salva vidas.

Parte I

UNA ÉPOCA OSCURA

DE ROMA A LA EDAD MEDIA

ASESINOS EN SERIE LOS HA HABIDO DESDE SIEMPRE. LA HISTORIA NOS MUESTRA CASOS ESPELUZNANTES, INCLUSO CUANDO LOS DATOS NOS LLEGAN A CUENTAGOTAS. ASÍ SUCEDE CON LOS SIGUIENTES CRIMINALES, DE LOS QUE NO SABEMOS MUCHO, PERO CUYOS CASOS DEBEMOS CONOCER.

LOCUSTA

PURO VENENO ROMANO

El primer asesino en serie que conoce la historia occidental fue una mujer. Respondía al nombre de Locusta y se le atribuyeron unas 400 muertes. Por lo general, no tenía nada contra ellos. Como decía el historiador Tácito, Locusta fue un simple «instrumento de Estado». Ser aristócrata en la Roma del siglo I podía ser duro, muy duro.

Discreta, pero ambiciosa. Estuvo en la cárcel pero salió y se hizo rica. Conoció los secretos de la química de las plantas. Un instrumento mortal de la nobleza.

AÑOS EN ACTIVO
Segunda mitad del siglo I.

MOTIVACIÓN
Dinero y luchas de poder.

TIPOS DE VÍCTIMAS
Nobles y patricios de la alta sociedad romana.

NÚMERO DE VÍCTIMAS
Unas 400.

ESTATUS DEL CASO
Fue condenada a muerte por el emperador Galba, en el año 69.

ROMA, SIGLO I. LAS LUCHAS POR EL PODER EN LAS ALTAS ESFERAS SON TAN COTIDIANAS COMO LA SALIDA DEL SOL. EN ESE TIEMPO, CONOCER LOS VENENOS VALÍA MÁS QUE VARIOS SOLDADOS. LOCUSTA VALÍA POR UNA LEGIÓN.

DICE LA FRASE apócrifa que *Roma traditoribus non praemiat*. Pues quizá no pagaba a los traidores, pero los envenenadores estaban muy bien considerados en las altas esferas de la sociedad romana. Imaginamos a dos patricios tumbados en sus triclinios, ya a los postres, satisfechos de sí mismos y de vino en sus venas:

—Mi envenenador ha despachado a 29 indeseables. Y sin fallo.

—No le niego mérito. El mío a 42. O 43, cuando contemos contigo.

¡Ah, Roma y sus encantos! Que hubiera poderosos con envenenadores a sueldo no resulta descabellado. De hecho, sabemos que el emperador Nerón tuvo a una, la más célebre de su tiempo: Locusta. Ignoramos mucho sobre ella. Solo el historiador romano Tácito la cita explícitamente –¿o *tácitamente*?– en sus *Anales*. Pero su existencia y su eficiencia están confirmados.

La joven Locusta nació en la Galia: hoy la consideraríamos francesa; por entonces era una «joven de provincias». Como tantas otras, la casaron muy joven, en un matrimonio con tanto de interés como de desamor. Se ignora la causa y el cómo, pero parece que Locusta se separó de ese enlace impuesto de la manera más expeditiva posible: matando a su marido. Ante ella se abría un gran futuro.

Si una muchacha lista –y ella lo era– quería triunfar en aquel mundo tenía que vivir en Roma, la capital del mundo occidental ya en el siglo I. Locusta llegó a la gran urbe y abrió un establecimiento de remedios y elixires en las estribaciones del monte Palatino. No se sabe cómo, pero se hizo experta en botánica. Conocía como nadie los alcaloides, esos componentes de las plantas cuyos efectos en los seres vivos son muy *intensos*, en especial sobre ciertas partes de nuestra mente. Quizá resultemos más claros si citamos algunos de ellos: morfina, cocaína,

Locusta jamás
derramó sangre,
todo fue muy limpio.

estricnina, nicotina o cafeína. Una familia de lo más animada y, como tal, solo bienvenida en dosis sostenibles.

No tardó Locusta –cuyo nombre en latín significa «langosta»– en recibir en su tienda a clientes menos interesados en el herbolario que en la «trastienda». No queremos decir con esto que debamos desconfiar de la sonrisa perenne de nuestra herbolaria de confianza. Para nada, sobre todo porque hoy la justicia funciona algo mejor, cualquier comisario ha leído a Agatha Christie y las cuestiones de herencia tienden a solucionarse por vías bien marcadas. Y los cónyuges engañados están a la orden del día y no hay por qué ponerse así. Pero entonces, en una Roma sin cámaras de seguridad ni análisis de ADN, aquello de lograr lo deseado por la vía rápida no acarreaba los actuales miramientos. Y Locusta puso su talento botánico al servicio de los bolsillos más acaudalados.

Tuvo que ser esa una época feliz para ella. Una profesional reputada y afamada en los mentideros de Roma que se enriquecía con las desgracias ajenas. Una

Grabado de una pintura del artista francés Joseph-Noël Sylvestre (1876), titulado *Locusta prueba en presencia de Nerón el veneno preparado para Británico*.

traficante de armas que no se manchaba las manos más que con el ocasional tinte de los alcaloides. Hasta que un mal día la justicia romana dio con ella y la envió a donde nunca –dirían sus víctimas– debió de haber salido: a la cárcel.

Es aquí donde aparece la figura de la mujer más prominente de su época: Agripina la Menor. Algo que se entiende porque era la mujer del emperador, Claudio. Agripina ordenó liberar a Locusta –que había sido condenada a muerte–, con el principal y sutil propósito de ponerla a su servicio. No menos ambiciosa que su predecesora Mesalina, la esposa de Claudio consideraba que su papel de buena madre pasaba por lograr que el hijo de su primer matrimonio, Nerón, se alzase hasta el trono imperial.

Como la más despiadada y efectiva de las CEO de hoy en día, Agripina trazó un plan perfecto: fichó a una brillante emprendedora caída en desgracia con el mejor de los incentivos –la vida de la reo–, así que no dudaría en cumplir con su siniestro plan: envenenar a Claudio. Agripina ya se había asegurado antes de que fuese Nerón el sucesor de Claudio, y no Británico, el hijo del emperador con la difunta Mesalina. Le arrancó esa promesa a su marido tiempo antes de morir. Sin embargo, las palabras se las podía llevar el viento. El propio Claudio había aludido ante el pueblo y el Senado que su hijo Británico pronto sería un hombre (a los 14 años, según la ley romana) y que era superior a su hijo adoptivo. Aquello debió de acelerar los planes de su artera esposa.

El 13 de octubre de 54, Claudio iba a cenar un plato de setas, deliciosas siempre para él. Como cualquier césar tenía su catador, llamado Holato, quien probó una porción de las setas. Este las consideró aptas (¿?) y Claudio devoró el resto. Bebió algo de vino y, según cuentan varios historiadores de la época, fue lo último que hizo. Su médico, el célebre Jenofonte, intentó ayudarlo provocándole un vómito con una pluma de avestruz. Las malas lenguas dijeron que también estaba envenenada, que Jenofonte estaba del lado de Agripina. Nada parecía inocente en aquella Roma áulica, en la que ni siquiera la vida de un césar valía más que lo que vale una ambición.

Locusta estuvo en aquella cena. Y en otras muchas más. Le atribuyeron unas 400 muertes, de entre lo más selecto de Roma. Nadie puede asegurarlo. Ella jamás derramó una gota de sangre, es cierto. No asesinaba por placer, aunque ignoramos qué efecto alcaloide le produciría en su autoestima tantos éxitos. Su papel era más el de una sicaria. ¡Pero qué sicaria! La historia le ha otorgado, no sin cierta razón, el título de la primera asesina en serie conocida.

Intuye bien el lector: su final no fue bueno, al menos para ella. Cuando Nerón se suicidó, en junio de 68, Locusta cayó en desgracia. Fue el nuevo emperador, Galba, quien la acusó de esos cuatro centenares de muertes. La pasearon encadenada por Roma, para su escarnio, antes de ejecutarla. Dice una leyenda apócrifa que el método elegido fue que una jirafa amaestrada (¿?) la violase antes de arrojarla a unas fieras que la despedazasen. De las leyendas apócrifas, como de las setas en Roma, no nos fiamos.

CASO CON DUDAS

SABÍAS QUE...

Como decíamos, Locusta fue un claro antecedente de lo que en la actualidad llamamos sicario. Tal término aún no había surgido, pero no se haría esperar mucho. De hecho, el vocablo tiene un origen romano. Existía entonces un puñal pequeño y mortífero llamado sica que solía emplearse por los asesinos porque resultaba fácil esconderlo bajo los pliegues de la túnica. Su uso era tan corriente que, en el año 81 se dictó la *Lex Cornelia de sicariis et veneficis* (Ley de Cornelio sobre apuñaladores y envenenadores).

Estatua de Nerón en la
ciudad de Anzio.

LAS MALAS DIGESTIONES DE LOS EMPERADORES

Cuando Claudio accedió al poder, en el año 41, ya se había
casado tres veces. La última, con Valeria Mesalina, su prima
segunda. Esta se ganó fama de vida disoluta -o de ninfómana,
según Plinio el Viejo- y conspiró con un amante para derribar a
su marido. Pero fue descubierta y obligada a suicidarse (no lo
consiguió y la decapitaron). La siguiente esposa de Claudio fue
Agripina la menor, ya en el año 49. Esta no dudó en adquirir
los servicios de Locusta para deshacerse del emperador. Le
salió bien y Nerón subió al trono. Sin embargo, la relación
entre madre e hijo se fue corrompiendo, y Nerón vio cómo ella se
aproximaba a Británico, su medio hermano. ¿Lo apoyaría en una
posible conspiración? Ante la duda… veneno. Es decir, Locusta.

En una cena en palacio, Británico recibió un caldo bastante
caliente. Su catador, por supuesto, lo probó. Su sabor era
correcto, pero no así su temperatura. Británico pidió un poco
de agua para enfriarla. En esa agua iba el veneno que provocó
la muerte casi instantánea de Británico. Nerón no se inmutó,
aduciendo que era un ataque de epilepsia de su hermano. Al
día siguiente, 12 de febrero de 55, iba a celebrar 14 años, su
mayoría de edad. No llegó a cumplirlos, como bien sabía Locusta.
El veneno empleado fue la sardonia, una planta tóxica, cuyo uso
deja en el rostro un rictus parecido al de una sonrisa. De ahí
eso de la «risa sardónica». A Británico no le haría gracia.

ALICE KYTELER

LA PRIMERA BRUJA IRLANDESA

Kyteler fue acusada de bruja y de asesinar a sus cuatro maridos. Con lo último ya le bastaría para aparecer en este libro, pero su figura es importante para glosar una época de por sí muy oscura. Aunque las pruebas en su contra eran escasas, había una ineludible: era mujer y la envidiaban. Más que suficiente para aquellos tiempos.

Fue lista, ambiciosa y hermética. Una mujer independiente, adelantada a su tiempo. Tuvo problemas con la Iglesia por sus costumbres.

AÑOS EN ACTIVO
De 1285 a 1324.

MOTIVACIÓN
¿Dinero y tierras?

TIPOS DE VÍCTIMAS
Sus maridos.

NÚMERO DE VÍCTIMAS
Cuatro.

ESTATUS DEL CASO
Fue acusada de brujería y condenada a la hoguera en 1324. Sin embargo, no se pudo concretar nada respecto a unas muertes que pudieron ser accidentales.

LA BRUJERÍA ERA UN ASUNTO MUY SECULAR, SEPARADO DE LA RELIGIÓN, HASTA QUE ESTE CASO SENTÓ UN PRECEDENTE. KYTELER PUDO SER O NO LA ASESINA DE SUS MARIDOS, PERO FUE LA PRIMERA BRUJA OFICIAL DE IRLANDA.

SER MUJER ERA mal asunto en la Edad Media. Especialmente cuando las cosas venían mal dadas. Y eso fue lo que le sucedió a nuestra siguiente asesina en serie, a la que pedimos perdón por incluirla aquí, en caso de que no lo fuese. Eso resulta posible, así que presentamos nuestras excusas por adelantado. De todos modos, lo oscuro y lo truculento del caso bien merecen una mención en este catálogo de horrores.

Kyteler nació en el condado de Kilkenny en 1236, en el seno de una familia flamenca que se había acomodado en Irlanda. Tenían dinero, posiblemente más que la mayoría de sus vecinos. Si eres inmigrante y llegas sin dinero, malo. Si resulta que tienes mucho... Tampoco nos creamos que mejora el asunto de los prejuicios.

Alice se casó joven –para nuestros estándares actuales, no para los del siglo XIII–, a los 15 años. William se llamaba el afortunado, cuyo apellido, Outlaw, podía resultar premonitorio: quiere decir «forajido» en nuestro idioma. En cualquier caso, William, comerciante y prestamista, le dio a Alice un hijo con su mismo nombre antes de salir huyendo de nuestro mundo en 1285. Primer marido muerto. Nada extraño en una época en el que la esperanza de vida en Europa occidental apenas rebasaba la treintena.

Con William, además de ejercer el oficio de prestamista, había abierto una posada. La fortuna de Alice no hacía más que medrar. Al año de morir él, Alice se casó con Adam Blund, también, vaya, prestamista. Sobre ambos cayó la sospecha de que hubieran asesinado a William. ¿Por qué no? El siglo XIII ofrecía muy pocas oportunidades de entretenimiento.

Adam también pasó a mejor vida: fue una borrachera lo que lo mató. No tuvieron hijos, aunque Adam sí conservaba uno de un matrimonio anterior. Hacia 1309, Alice volvió a desposarse con Richard de Valle, un acaudalado terrateniente. Que tampoco, vaya por Dios, le duró mucho: falleció en 1616. Pero recordemos lo de la esperanza de vida y que los maridos del siglo XIII eran bastante mayores que sus mujeres. Da igual. Los hijos del terrateniente airearon sus sospechas de que Kyteler había tenido algo que ver. De hecho, ambas partes pleitearon sobre la dote que Alice había recibido de parte de su marido. Fue ella quien se quedó con la mayoría de las tierras del finado. Con tanta riqueza a sus espaldas, Kyteler se convirtió en una de las personas más ricas de la zona de Leinster. Tan solo la Iglesia podía rivalizar con ella.

Contra la Iglesia había topado

En 1316 se casó con John le Poer, otro hombre mayor que ella y con varios hijos. El papel de madrastra ya se lo sabía al dedillo. Con él pasó ocho años, hasta que John comenzó a enfermar. John aireó sus sospechas de que alguien lo estaba envenenando. Suficiente para que sus hijos –a los que se sumaron los hijos de los antiguos matrimonios de Alice– la acusasen ya no solo de envenenadora, sino de bruja. Y de favorecer en todo su entramado de herencias a su hijo natural, William.

Le Poer murió y nació, definitivamente, la inquina contra Kyteler. El obispo de Ossory (un reino histórico de Irlanda) decidió tomar cartas en el asunto. En aquellos tiempos –más aún que en otros–, justicia y religión iban de la mano. En muchas ocasiones, los eclesiásticos, más que defensores de la fe, se vestían de fiscales de la moral. El caso de Alice Kyteler, por qué no decirlo, olía regular. Y Richard de Ledrede –el mencionado obispo– vio en este caso su oportunidad de mostrarle al papa de Aviñón que era más papista que el papa. Juan XXIII fue quizá el primer pontífice en asociar herejía –una figura ya penada por la Iglesia– con brujería –una práctica ancestral–. Y denunciar a la flamenca Kyteler por bruja era poner una pica en Flandes.

SABÍAS QUE...

En el registro de la casa de Kyteler se encontró un palo untado de un suave ungüento, lo que fue tomado como indicio de que era una bruja. Esto casa con la imagen fundacional de la bruja volando sobre una escoba. Según los historiadores, las «brujas» untaban jugo de estramonio, mandrágora o belladona en un palo que hacía las veces de consolador y lo introducían en la vagina, lo cual les llevaba a creer que volaban sobre una escoba y les provocaba alucinaciones y orgasmos. Esas mujeres sexualmente independientes no podían ser toleradas por la Iglesia, de ahí que se asociase brujería con escobas.

Así que el obispo Ledrede adelantó por la derecha a los hijastros de Kyteler y fue a por todas con siete cargos. La acusó de:

1. *Renegar de la fe de Cristo y de la Iglesia.*
2. *Sacrificar animales para los demonios.*
3. *Solicitar la ayuda de los demonios para su brujería.*
4. *Tener sexo con un íncubo, con la forma de animales o de un etíope (¡!).*
5. *Organizar encuentros en iglesias con el fin de practicar magia negra.*
6. *Usar magia negra, con el agravante de emplear en su recetario partes del cuerpo de niños sin bautizar, gusanos, calaveras y vísceras.*
7. *Y por último, de asesinar a sus esposos con fines económicos.*

El obispo intentó encausar a Alice por tres veces; pero por tres veces escapó la acusada, que conservaba buenas relaciones con las altas esferas de la sociedad irlandesa del momento. Visto su escaso éxito, Ledrede actuó por elevación: acudió al Lord Canciller de Irlanda, el cargo judicial más alto de la isla, llamado Roger Outlaw. Ese apellido nos suena, no de manera casual: coincide con el del primer marido de Kyteler y se cree que era el hermano del finado. Así que el cañonazo contra su objetivo número uno se quedó en disparo por la culata. El Lord Canciller no observó causa judicial en un asunto que consideraba simplemente religioso. Vino a decir: «Sobre los asesinatos, que es cosa mía, nada tienes. Lo de la herejía, es cosa vuestra. Y eso de que tenéis jurisdicción sobre la brujería está por ver. Y zapatero, a tus zapatos».

«Para arrogante yo», debió de pensar el obispo, que a esas alturas estaba desatado. Y acusó a Outlaw de dar cobijo a herejes; acusación que fue sobreseída. Una comisión declaró a Roger como cristiano piadoso y celoso (*In your face, Ledrede!*, diría el Canciller). Inasequible al desaliento, Ledrede decidió ampliar su causa a otro Outlaw, a William, el hijo de Alice, acusándolo también de herejía. Pero este, también muy bien relacionado con las altas esferas en Dublín, consiguió no solo parar el golpe, sino devolverlo contra el obispo, a quien encarcelaron unas semanas en el castillo de Kilkenny. Ledrede debió de sentirse muy pequeño ante el peso de la burocracia, que quedaba del lado de sus enemigos. Sin embargo, con el espíritu del tejón y la mordedura de la hiena, siguió adelante.

Suerte dispar

Ledrere, vista su suerte con la familia Outlaw, decidió encausar a su círculo, personas ya de clases bajas. En esta ocasión, el obispo encontró menos resistencia y una aliada muy valiosa: la tortura. Gracias a ella, consiguió que Petronilla de Meath –antigua criada de Kyteler– se inculpase a sí misma, a su señora y a varios criados. En sus testimonios llegó a decir que Alice había preparado en una olla un potaje así:

Derramó la sangre de los gallos, cortó los animales en pedazos y mezcló los intestinos con arañas y otros gusanos negros como escorpiones [...] Hirvió esta mezcla en una olla con los sesos y la ropa de un niño que había muerto sin bautismo y con la cabeza de un ladrón que había sido decapitado...

Con estas declaraciones, Kyteler fue condenada por brujería. Pero hacía tiempo que Alice, ascendida de viuda negra a bruja, había desaparecido de Irlanda. Se dice que huyó a Inglaterra, donde se le perdió el rastro para siempre. Posiblemente se riese de todo esto desde un hermoso retiro en un condado inglés. Petronilla no. Ella fue la primera persona quemada por brujería en Irlanda, el 3 de noviembre de 1324. Las esporas de una nueva asesina en serie, la Inquisición, comenzaban a esparcirse.

CASO CON DUDAS

La pesadilla, de Nicolai Abraham Abildgaard (1800)

BRUJERÍA Y HEREJÍA

En el siglo XIV (concretamente, entre 1309 y 1377), la residencia de los papas se trasladó a Aviñón, en Francia. Por entonces, las herejías (las creencias en desacuerdo con las costumbres de la iglesia católica) se consideraban como actividades asociadas con el diablo.

El papa Juan XXII consideró la brujería como herejía en su bula *Super illius specula*. La onda expansiva de esta bula fue lo que llevó al obispo de Ossory a formar uno de los primeros juicios por brujería en Europa. En este se acusó a Kyteler de acostarse con un íncubo, según las acusaciones de Petronilla de Meath. Un íncubo es un demonio que yace con una mujer, por lo general dormida, y la penetra, pudiendo quedar encinta (una súcubo es lo mismo, pero en femenino). También fue el primer caso en el que se juzgó a un grupo por el agravante de unión de brujas, es decir, por aquelarre, en vez de considerarlas por separado. Un juicio sin duda trascendental, puesto que sentó precedente para los siguientes casos de brujería y herejía en la isla. La quema de brujas en Irlanda duró hasta 1895.

Más allá de si Kyteler fue la asesina de sus esposos, su figura es un símbolo del comienzo de una época especialmente oscura para las mujeres en Europa.

GILLES DE RAIS

NOBLE MARISCAL Y VIOLADOR DE NIÑOS

La historia de Francia es gloriosa, tanto en actos como en personajes. Sin embargo, también guarda sus rincones oscuros. En el más sucio y tenebroso de ellos habita este barón de Retz, un hombre que se dio festines de sangre y carne con centenares de inocentes, mientras buscaba la piedra filosofal que enriqueciese sus arcas.

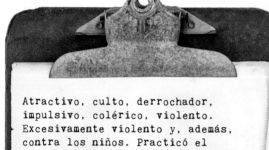

Atractivo, culto, derrochador, impulsivo, colérico, violento. Excesivamente violento y, además, contra los niños. Practicó el esoterismo.

AÑOS EN ACTIVO
De 1432 a 1439.

MOTIVACIÓN
Pedofilia.

TIPOS DE VÍCTIMAS
Niños y jóvenes de ambos sexos.

NÚMERO DE VÍCTIMAS
200 o más.

ESTATUS DEL CASO
Condenado por tribunal eclesiástico a la horca y quemado en la hoguera (pero no mucho).

LA GUERRA DE LOS CIEN AÑOS ENMARCÓ LA VIDA DE ESTE NOBLE QUE LLEGÓ A SER MARISCAL DE FRANCIA Y COMPAÑERO DE ARMAS DE LA MISMÍSIMA JUANA DE ARCO, PERO QUE CAYÓ EN EL INFIERNO DE LA DEPRAVACIÓN.

SI PASAMOS CERCA del castillo de Tiffauges, en el departamento francés de la Vendée, nos lo dirán. El 26 de octubre de 1440 fue el último de los terribles días de Gilles de Montmorency-Laval, o Gilles de Rais, como mejor se lo conoce, el personaje más oscuro de la Francia medieval. O, al menos, aquel cuya huella ha quedado más impresa en nuestra memoria. Los crímenes de los que se le acusa son abominables, desde luego; y, además, la leyenda le atribuye ser la fuente de inspiración del macabro Barba Azul, invención del escritor Charles Perrault. Pero Barba Azul era un viudo que mataba a sus jóvenes esposas, encerradas bajo llave en un castillo imaginado por el célebre fabulista. Gilles de Rais asesinó a decenas de niños en un castillo cuyas ruinas tenemos la oportunidad de visitar. ¿Podemos denominarlo como turismo necrófilo?

Fue un noble de alta cuna. Nació en 1405 y corría por su venas tanta sangre azul que no es de extrañar que su barba se tiñese de azur –el azul heráldico– por pura ósmosis. Pero eso no te asegura una infancia feliz. Sus padres murieron pronto y lo dejaron a cargo de su abuelo materno, Jean de Craon, que permitió su crianza como un niño caprichoso y altanero. No lo decimos para que alguien tenga cargo de conciencia. La culpa de la monstruosidad de Gilles fue solo suya, no de la conciliación familiar.

El joven Gilles –alto, fuerte, apuesto, narcisista– creció en un (largo) momento histórico determinante. La Guerra de los Cien Años ya llevaba décadas desgastando tanto a Francia como a Inglaterra, los dos países en liza. Ambos países entregaban grandes recursos económicos y humanos a aquella inagotable contienda. De Rais, combativo –y violento– por naturaleza, fue una de las piezas en las que se apoyó el futuro rey Carlos VII para ascender al trono que también pretendía Enrique VI de Inglaterra.

Grabado del siglo
XVIII que reproduce
una ilustración del
siglo XV que representa,
genéricamente, a los
condes de Laval, casa a
la que pertenecía Gilles
de Rais.

Bien considerado por el flanco político y militar, en su vida personal Gilles
iba dando muestras de su temperamento colérico, que tantos ríos de tinta y
otros fluidos generaría. Con 16 años raptó a su prima Catherine de Thouars
para casarse con ella. ¿Un rabioso amor adolescente? En efecto: amor a las
posesiones de la familia de su prima. De Rais se hizo de manera descarada con
todos sus bienes, pasando por encima de otros herederos de la familia Thouars.
Por entonces ya se había cobrado su primera víctima en un amistoso combate
de esgrima. La sangre de los demás lo excitaba.

La guerra seguía y llegó a conocer a Juana de Arco, de quien fue
compañero de armas y se dice que admiró con fervor. En 1429 Carlos
VII cedió un ejército de 5 000 hombres a la doncella de Orléans, entre
cuyos líderes también estaba de Rais. El éxito de la contienda, que
liberó la ciudad de Orléans de los ingleses, condujo al noble a ser
nombrado mariscal de Francia, es decir, mano derecha del rey, con tan
solo 25 años. Sin embargo, tal posición de preeminencia le duró pocos
años. Hacia 1434 su posición en la corte se había debilitado bastante
(la muerte de Juana de Arco, la caída en desgracia de su protector, el
chambelán La Tremoille) y se centró en sus asuntos internos. En su caso,
los caprichos propios de un noble colérico y desalmado.

Entre sus escasas virtudes estaba la de ser generoso y desprendido.
Entre sus grandes vicios, ser un impulsivo derrochador. Auspiciaba
grandes fiestas, banquetes y obras de teatro; pero por encima de sus
posibilidades y, a la larga, eso llevaba a sus cuentas a la ruina. Ahogado
por las deudas, De Rais se puso en manos de esotéricos que lo sedujeron
con un enriquecimiento rápido: la alquimia y la piedra filosofal. Donde

Ilustración de 1886 que recrea el castillo de Tiffauges, ya nombrado como el «castillo de Barba Azul».

no alcanza la razón llega la superstición: eso sigue siendo tan peligroso hoy como entonces. Surgió con fuerza la figura de un tal François Prelati, de oficio alquimista y peligroso embaucador. Y cuando la desvergüenza se junta con la fuerza bruta y la prepotencia, solo queda esperar malas noticias.

Llegaron pronto. Prelati llenó la cabeza a de Rais con sus embustes sobre apariciones del demonio, la pureza de los inocentes convertida en oro y otras lindezas. Juntos fabricaron hornos para crear la piedra filosofal. La materia prima necesaria era un líquido que fluía por las venas humanas más tiernas. Gilles mandó a sus siervos a buscar niños y adolescentes por su condado, con excusas como hacerlos pajes en su palacio, o que necesitaban voces angelicales para unos coros (era un consumado experto en canto gregoriano, con cuya música alcanzaba algo parecido al éxtasis). Imaginemos ese mundo rural, de familias pobres con varios hijos a su cargo: oportunidades así eran de ensueño y cedían gustosos a sus hijos para que empezasen una nueva vida. Y a fe que lo hacían.

Esos jóvenes nunca regresaban. Gilles se lanzó a una orgía de sangre, sexo y miembros descuartizados. Él y sus secuaces no se conformaban con matar; ya no era una cuestión de alquimia, sino que habían tomado la costumbre de la perversión. En su condado fueron corriendo extraños rumores. Los niños no volvían y los casos se contaban por decenas. Las familias eran cada vez más reticentes, así que hubo que ampliar el radio de acción. El terror, como una mancha de sangre oscura y densa, se extendía cada vez más. Pero el poder de Gilles de Rais era tan grande, tan desmedido, que sus actos tardaron años en llegar a los oídos adecuados. Gilles cometió la mayoría de sus crímenes en los castillos de Tiffauges, Champtocé, Machecoul y en la casa de la Suze, en Nantes, entre 1432 y 1437. El *modus operandi*, según confesó en el juicio que lo condenó, era algo parecido a este: vestían a los niños con ropas de lujo, les daban de comer y los drogaban; luego, su círculo de depravados abusaban de los jóvenes, él se excitaba con ello y los violaba. Cuando agonizaban, terminaba con ellos de la manera más abyecta que se le ocurriese.

El 15 de septiembre de 1440 fue apresado. En un principio, no tanto por sus horribles crímenes, sino por asuntos inmobiliarios que lo habían llevado a cometer ciertos actos que incomodaron a la nobleza y al clero, en especial al obispo de Nantes, que fue quien lo encarceló. Pero el ruido de sus fechorías ya era imparable. Se le acusó de la desaparición de 200 niños, aunque pudieron ser más. Hubo un juicio, del que se conservan todas las actas, en el que se presentaron cargos contra él por asesinato, herejía y sodomía. Entre sus páginas se pueden encontrar confesiones estremecedoras:

> *Contemplaba a aquellos niños que poseían hermosa cabeza y proporcionados miembros para después abrir sus cuerpos y deleitarme a la vista de sus órganos internos y muy a menudo, cuando los muchachos estaban ya muriendo, me sentaba sobre sus estómagos, y me complacía ver su agonía...*

Cuando acabó el proceso, de Rais fue sentenciado a morir ahorcado para luego ser quemado. El noble solo solicitó algo tras pedir perdón a las familias de los niños: que lo enterrasen, o al menos a una parte de él. Y, en efecto, gracias a las prerrogativas de su alta posición, tras colgar de la horca llevaron su cuerpo a la hoguera, pero se retiró rápido para darle cristiana sepultura en el cementerio de Nantes. Allí permaneció bajo tierra hasta que llegó la Revolución Francesa y su tumba fue destruida.

En las últimas décadas, algunos estudiosos en Francia quieren restaurar la reputación de Gilles de Rais como héroe de guerra y compañero de armas de Juana de Arco. Avalan la teoría de que todo fue un complot de Carlos VII debido a algunos insultos recibidos por parte de su mariscal y que confesó bajo torturas. De momento, la historia mantiene el veredicto de MONSTRUO CULPABLE.

CASO CON DUDAS

Grabados antiguos que representan un momento de la Guerra
de los Cien Años (izquierda) y a Juana de Arco (derecha).

JUANA DE ARCO Y LA GUERRA DE LOS CIEN AÑOS

No es una exageración. La Guerra de los Cien Años duró un siglo,
incluso más. Oficialmente fueron 116 años, del 24 de mayo de
1337 al 19 de octubre de 1453. Economía, tierras, religión y
política se mezclaron en una disputa inicialmente dinástica.
Los normandos franceses conquistaron Inglaterra en 1066 tras la
batalla de Hastings; pero, ya naturalizados ingleses, cuando
la dinastía Capeto empezó a declinar, solicitaron sus derechos
sucesorios. Las armas se blandieron por primera vez en la
disputa por el ducado de Guyena y se envainaron tras la batalla
de Castillon, con mayor fortuna para la francesa casa de Valois.

Gilles de Rais y Juana de Arco jugaron un papel importante en
el fin de esta disputa. La llamada «doncella de Orléans» era
una campesina que creía haber sido elegida por Dios para librar
a su país de los ingleses. Tanta fe mostraba en sí misma y en
su Señor, que el delfín de Francia, Carlos VII, le cedió un
ejército con el que liberó Orléans y otras ciudades como Reims,
donde fue coronado. En ese momento, Jeanne y Gilles parecían
intocables y caminaban de la mano en la más alta estima del
imaginario galo. Sin embargo, llegó el momento en el que Juana
se convirtió en una molestia para los altos cargos militares
franceses. Los ingleses la capturaron, para alivio de los
gerifaltes, que nada hicieron por salvarla, y en un polémico
juicio fue condenada a la horca en Ruan. Destinos tan similares
como opuestos: ambos juzgados y colgados, pero una ganando un
halo de santidad y con el tiempo, el patronazgo de Francia; el
otro, llevándose el título de diablo y villano universal.

ERZSÉBET BÁTHORY

¿ARISTÓCRATA CRUEL O VAMPIRA DESPIADADA?

El caso de esta condesa húngara resulta apasionante. Durante un par de siglos, la historia la señaló, ya no solo como una noble sanguinaria y sádica, sino como un ser vampírico. Sin embargo, cada vez más estudiosos ven más fantasía que realidad tras los supuestos (y horrendos) crímenes que se le achacan.

Altiva y cruel. Estaba obsesionada con su belleza. Mujer independiente y lasciva, o al menos eso afirmaban sus enemigos.

AÑOS EN ACTIVO
De 1604 a 1610.

MOTIVACIÓN
¿Búsqueda de la juventud?

TIPOS DE VÍCTIMAS
Jóvenes vírgenes.

NÚMERO DE VÍCTIMAS
¿600?

ESTATUS DEL CASO
Condenada a arresto domiciliario de por vida.

PODEROSA EN EXTREMO POR SUS TIERRAS Y RIQUEZAS, LA CONDESA BÁTHORY FUE ACREEDORA DEL REY DE HUNGRÍA. EN UN HISTÓRICO JUICIO SE LE LLEGÓ A ACUSAR DE COMETER MÁS DE 600 CRÍMENES, DEL MODO MÁS BRUTAL Y SÁDICO.

DE NUEVO, UN caso en el que la leyenda se intrinca con la realidad. Pasa igual con el jamón, el cual para ser bueno debe tener grasa infiltrada, y si no, no merece la pena. Así parece suceder con Erzsébet Bathory, la condesa húngara cuya sombra se ha alargado hasta nuestro tiempo, provocando ríos de tinta, quién sabe si tan o más caudalosos que los de sangre que se le atribuyen.

Si empezamos por el morbo –y a nadie que haya escogido leer este libro le debería molestar–, habría que decir que hablamos de la mayor asesina en serie de la historia. Se le acusa de unas 600 muertes, enfatiza el Libro Guinness de los Récords. Redondeando, que podrían ser algunas más. Aunque también menos, muchas menos. Esas 600 víctimas eran en su mayoría jóvenes mujeres, a las que Báthory, lejos de pedirles la totalidad de su sangre por las buenas, mandaba torturar antes de vaciarlas de su fluido vital. Erzsébet (o Elizabeth) tendría uno de aquellos vicios aristocráticos de principios del siglo XVII: bañarse en la sangre de vírgenes, algo que –como todos sabemos por los anuncios– te permite conservarte eternamente joven. Y es que la condesa empezaba a entrar en años y su cutis ya no era el de antes.

Una vida de nobleza

Vayámonos al inicio de todo. Al 7 de agosto de 1560, cuando Erzsébet nace en Nyírbátor, en el venerable reino de Hungría, acunada por una de las familias de mayor abolengo del país. Y decimos una y no dos, porque sus padres eran primos carnales. Esos cruces pueden dar sorpresas, y ya de niña Erzsébet comienza a sufrir ataques de epilepsia. A los 11 años queda prometida con su primo –vaya con la endogamia– Ferenc Nádasdy, de 16. Un claro matrimonio de conveniencia, como corresponde a la época. Él toma el apellido de ella, y no a la inversa, ya que el rancio abolengo de los Báthory así lo aconseja. La educación

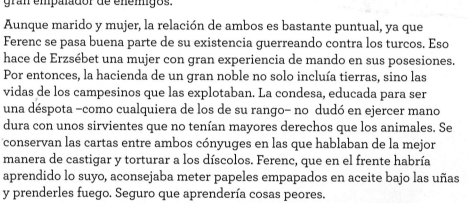

de Erzsébet resulta del todo superior. Mientras que ella sabe idiomas y es una mujer cultivada, Ferenc apenas sabe leer y escribir. Los varones fiaban toda su valía para la guerra, y en aquellos tiempos la cualidad más útil en el terreno de batalla era ser muy salvaje. Como Ferenc: con el tiempo se convertirá en un gran empalador de enemigos.

Aunque marido y mujer, la relación de ambos es bastante puntual, ya que Ferenc se pasa buena parte de su existencia guerreando contra los turcos. Eso hace de Erzsébet una mujer con gran experiencia de mando en sus posesiones. Por entonces, la hacienda de un gran noble no solo incluía tierras, sino las vidas de los campesinos que las explotaban. La condesa, educada para ser una déspota –como cualquiera de los de su rango– no dudó en ejercer mano dura con unos sirvientes que no tenían mayores derechos que los animales. Se conservan las cartas entre ambos cónyuges en las que hablaban de la mejor manera de castigar y torturar a los díscolos. Ferenc, que en el frente habría aprendido lo suyo, aconsejaba meter papeles empapados en aceite bajo las uñas y prenderles fuego. Seguro que aprendería cosas peores.

Sabemos que se enriquecieron mucho y que incluso otorgaron préstamos al rey Matías II de Hungría (mantener este dato en mente). Erzsébet y Ferenc pasaron 29 años casados, que no nos dan para muchos más titulares. Sobre todo, porque el meollo de la cuestión que nos trae surge hacia la muerte del conde, sucedida en 1604.

Realidad o ficción

Es en este punto donde muere la historia y brota la leyenda. O donde mueren las doncellas y brota la sangre, según lo que se esté dispuesto a creer. Los segundos dirán que los libros de historia –los escritos más de un siglo después– afirman con rotundidad que la viuda Báthory se echó a perder. La leyenda negra –o roja– se menciona por primera vez en un libro titulado *Historia trágica*, publicado en 1729, de un estudioso jesuita llamado László Turóczi. Allí afirmaba que la pérfida Erzsébet, que había dejado atrás el catolicismo para abrazar el luteranismo, golpeó con

Escudo de armas de los Báthory.

fuerza a una niña. La sangre de esta cayó , en forma de gotitas, sobre su piel, y al limpiarla, *¡voilà!*, las imperfecciones del cutis de la ya cuarentona –una edad provecta en el siglo XVII– desaparecieron.

Llegado el siglo XIX, los historiadores ya escribían que Báthory se daba baños de sangre, una imagen tan *cinematográfica* como poco plausible, ya que la sangre tarda poco en coagular y no se sabe de anticoagulantes a gran escala en aquella época. Cada cual exageraba lo recibido del anterior, no fuera a ser que su investigación alcanzase menos fuste.

A mediados del siglo XIX, en pleno auge del romanticismo, esta historia de una húngara sedienta de sangre empezó a calar en relatos y obras de arte. Para cuadrar el círculo, en 1897, el novelista irlandés Bram Stoker escribió su novela epistolar *Drácula*, basada ligeramente en la figura del príncipe de Valaquia Vlad Tepeș. Aunque rumano, Valaquia era por entonces parte del Imperio Austrohúngaro, y hubo quien se atrevió a afirmar que Erzsébet era descendiente lejana del Empalador. Si el vampirismo se metía de por medio, cualquier atisbo de mesura estaba condenado a perderse. La mecha quedó prendida, y el advenimiento del cine y de la televisión hizo el resto. Los elementos que rodean a la condesa Báthory cuentan con todo lo oportuno para despertar el interés actual: refinamiento, secreto, deseo, erotismo, sadismo y sexualidad.

Pero... ¿qué sabemos?

Los documentos históricos nos dejaron algunas cosas claras. Hacia 1610, se extendieron una serie de sospechas sobre la condesa, y el rey Matías II ordenó abrir una investigación sobre su poderosa aristócrata, a quien debía una considerable cantidad de dinero. El Palatino de Hungría (el segundo cargo más importante del reino, tras el rey) fue el encargado de recabar las pruebas. En un año recogió más de 300 testimonios en contra de la condesa. Campesinos que habían sido torturados o cuyos familiares habían desaparecido, nobles cuyas hijas habían acudido al gineceo del castillo de Csejte –residencia de Báthory– y no habían vuelto... Cuatro sirvientes del Csejte declararon, bajo tortura, contra su señora. El Palatino irrumpió al castillo con la premisa del rey de detener a Báthory. Allí encontró una niña muerta y otra sangrando, sin detallar el porqué.

Se realizaron dos juicios a raíz del arresto de Báthory: ambos a primeros de enero de 1611. Erzsébet declinó defenderse y, acogida a sus prerrogativas de noble, no acudió al juicio. En él, los campesinos vengaron tantos años de ofensas y expusieron todos los abusos a los que habían sido sometidos durante años: fueron pinchados con alfileres y tijeras, quemados con hierros candentes, los desnudaban en las noches de invierno, les echaban agua fría y los expulsaban a la intemperie. Esos eran los castigos habituales en Csejte, pero no solo allí, y posteriormente se atribuyeron esos abusos al deseo de sangre de la condesa. Una sirvienta llamada Susannah llegó a decir que había visto en un libro del oficial de la corte de Báthory la cifra de 650 víctimas, pero jamás apareció ese libro y el oficial nunca lo mencionó en su testimonio.

El juicio acabó castigando a la condesa a un encierro de por vida en su castillo (como sucedió con Galileo Galilei, salvando las distancias, 20 años después). Unos dicen que fue un simple arresto domiciliario en un gran palacio por el que podía circular con libertad; otros, que fue encerrada en una mínima habitación de ladrillos, sin volver a ver la luz del sol, alimentando así el halo vampírico. Falleció en el castillo de Csetje en 1614. Lo más probable es que la condesa Báthory fuese una cruel señora feudal, responsable de abusos y muertes en sus tierras, como era habitual por entonces. Pero cayó en desgracia, posiblemente por su posición de poder ante el rey. Con el tiempo, la historia se dio cuenta de que necesitaba una malvada como ella, oscura, tenebrosa, sádica y sexualizada. Y ese es ahora su reino.

caso CON DUDAS

DOS ANTECEDENTES DE LOS VAMPIROS: BÁTHORY Y TEPES

Si hay un asesino en serie por antonomasia, ese ha de ser el
vampiro. Solo hay un problema: técnicamente, los vampiros no
existen. Son una figura del folclore centroeuropeo, cuyo origen
se pierde, cómo no, en las oscuras brumas del tiempo. El primer
acercamiento al vampiro seductor de mujeres y chupasangre
asesino lo produjo la literatura en el año 1819, gracias al
inglés John William Polidori (médico personal de Lord Byron),
con su relato *El vampiro*. El romanticismo literario explotará
esta figura, hasta que en 1897 Bram Stoker escribe su *Drácula*
y el monstruo se hace verdaderamente inmortal. A su vez,
Stoker toma como referencia al príncipe de Valaquia Vlad III
(c. 1428-c. 1477), apodado el Empalador (en rumano, Vlad Tepes).
Valaquia era un principado asociado en el siglo XV con Hungría
(hoy es parte de Rumanía). Vlad III y el noble húngaro Esteban
Báthory (ascendente de la condesa Erzsébet) lucharon codo con
codo contra los turcos. Se sabe que Vlad, habiendo vencido
a los otomanos en una batalla, mandó construir un «bosque
de empalados» con los cuerpos de los vencidos insertados en
estacas, para que los otomanos que sobrevivieron contemplasen
con horror lo que les podía suceder. Este príncipe valaco
también recibía el apelativo de Vlad Draculea, ya que *dracul*
significa «dragón» en rumano, y así se conocía a los de su
estirpe. El tiempo, la cercanía geográfica y la fantasía han ido
uniendo a estos dos sangrientos personajes históricos.

Ruinas del
castillo de
Csejte, en la
actualidad.

MADAME DE BRINVILLIERS

VENENOS FAMILIARES

Una aristócrata se situó en la cima del crimen francés a mediados del siglo XVII. Puso por delante sus deseos de venganza y dinero a los más elementales lazos familiares. Todo un escándalo, no solo por la crudeza de sus asesinatos, sino porque de sus pócimas nació uno de los casos más truculentos de envenenamiento que se recuerdan.

Bella y ambiciosa. Sin escrúpulos morales, sus deseos más primarios se colocaban por delante de cualquier consideración moral.

AÑOS EN ACTIVO
De 1666 a 1670.

MOTIVACIÓN
Venganza y dinero.

TIPOS DE VÍCTIMAS
Familiares.

NÚMERO DE VÍCTIMAS
Tres confirmadas, puede que decenas.

ESTATUS DEL CASO
Juzgada y condenada a muerte y a la hoguera.

SE AUNÓ CON UN HOMBRE DE TAN POCOS ESCRÚPULOS COMO ELLA Y TRAZÓ UNA VENGANZA MORTAL CONTRA SU PROPIA SANGRE. LA TORTURA A LA QUE FUE SOMETIDA EN SU JUICIO TAMBIÉN FUE BRUTAL: LA HICIERON CONFESAR CON EL TORMENTO DEL AGUA.

Durante siglos, como estamos viendo, el veneno fue la palanca para mover el mundo. Para quitar del medio a quien está en el lugar y el momento equivocado, según el criterio de cada cual. Si en la antigua Roma el veneno quitó y puso emperadores, la Francia del siglo XVII no quiso ser menos. El caso de la marquesa de Brinvilliers destapó todo un enjambre de casos de envenenamiento y de envenenadores. Con el suyo podemos hacernos una idea de cómo funcionaban las cañerías de la alta aristocracia europea. Quizá se vertiese menos sangre que en los arrabales capitalinos, pero porque los derrames iban por dentro.

Amores de conveniencia

Marie-Madeleine d'Aubray, futura marquesa de Brinvilliers, era, con todas las de la ley, una aristócrata de alta cuna, nacida en 1630. Su padre, Antoine Dreux d'Aubray, ocupó diversos cargos en el gobierno de Luis XIV, el *rey Sol*. Su madre era hermana del fundador de los sulpicianos. Ingresos no le faltaban a la familia d'Aubray y menos pretendientes con quien casar a sus vástagos. Así que pudieron casar en 1651 a su primogénita –que no heredera principal, hablamos de una mujer en aquellos tiempos– con el barón de Nourar, Antoine Gobelin, marqués de Brinvilliers en ciernes.

Parece que llegó a ese matrimonio con experiencia, puesto que la leyenda incide en que a los diez años ya mantenía relaciones sexuales con sus hermanos, y algunas confesiones que hizo durante su juicio –con todas las salvedades que impone la tortura– sugieren que se trataba de una ninfomaníaca. El marqués de Brinvilliers, mayor que su joven esposa, también era un hombre con tendencia a continuos escarceos amorosos, así que en lo sucesivo encontraron un extraño equilibrio. Ambos hacían la vista gorda con los devaneos del otro, de tal manera que su matrimonio siguiese en pie, ya que les proporcionaba una feliz estabilidad económica a ambos. Especial mención para la «liberalidad» del marqués, militar de alto rango y curtido en batallas que presentó a su mujer a un compañero de armas, el oficial Godin de Sainte-Croix. Pronto se convirtió en el amante de Marie-Madeleine, del modo en que sucedían las cosas en aquella sociedad de las apariencias: todo el mundo lo sabía, pero no se hablaba de ello, al menos en público. El mismo Gobelin siguió invitando a su amigo a sus fiestas como si nada.

«Si funciona, no lo toques», afirma el dicho. Sin embargo, el padre de Marie-Madeleine parecía el único que no estaba de acuerdo con este equilibrio consensuado de facto. Antoine Dreux d'Aubray consideraba muy peligroso que este *affaire* se convirtiese en la comidilla de la alta sociedad parisina, de manera que afectase a la honorabilidad de la familia. Así que consiguió que el rey dictase una orden de encarcelamiento contra Sainte-Croix, ejecutada justo cuando ambos amantes se encontraban en una carroza. Eso fue en pleno año 1663 y Godin pasó algo más de dos meses en la cárcel, a sabiendas de cuál había el motivo real de su reclusión.

Pliegos del abogado defensor de la marquesa de Brinvilliers, en su juicio de 1676.

Como en la cárcel se pueden hacer amistades casi tan buenas como en cualquier otro sitio, Sainte-Croix aprovechó esas semanas en la prisión de la Bastilla para hacer buenas migas con un tal Exili, sobrenombre de un químico italiano a sueldo de la reina Cristina de Suecia, que Luis XIV había mandado encarcelar al considerarlo sospechoso de envenenamientos. Exili le puso al día en la materia a su nuevo amigo, quien le expuso el motivo por el que se encontraba entre rejas y el odio que iba generando contra el padre de su amante.

«Los franceses cometéis vuestras venganzas de una manera demasiado violenta y luego se os vuelven en vuestra contra. Nosotros los italianos somos más sutiles. Aprende de nosotros», fue lo que le vino a decir Exili.

Grabado que representa a Antoine Dreux d'Aubray, obra de Claude Mellan (1598-1688).

Ambos salieron de la cárcel casi a la par y el italiano estuvo viviendo unos meses con Sainte-Croix, quien abrió un negocio de alquimia que le permitió obtener la licencia necesaria para adquirir los elementos químicos que desease. El rencor seguía vivo y el conocimiento listo. Ya solo quedaba mover las piezas sobre el tablero de juego.

Veneno a discreción

Sainte-Croix se casó para formar su propia familia, pero él y la marquesa siguieron siendo amantes. Godin fue el susurro diabólico en la oreja de Marie-Madeleine, a quien no le importó que fuera su propio padre el destinatario de aquellos designios mortales. Estaba resentida por su rígida y severa observancia, por su paternalismo asfixiante. Así que la marquesa empezó a probar sus venenos en animales. Después –y según una leyenda negra difícil de probar– dirigió sus objetivos a al Hôtel de Dieu de París. Era habitual que las mujeres de la alta sociedad acudiesen a hospitales para ayudar a los enfermos, en una especie de acción de caridad. Marie-Madeleine, dotada de un rostro angelical pero de una determinación diabólica, habría suministrado galletas a los enfermos con distintas dosis de diferentes venenos, a fin de comprobar sus efectos. Así habría causado la muerte de decenas de ellos, sobre todo de los más débiles. También habría envenenado, aunque solo ligeramente, a sirvientes y comensales de sus numerosas fiestas, tan solo para comprobar el alcance de sus pócimas.

Los envenenamientos que acabamos de detallar pertenecen al relato que se instaló en la sociedad parisina tras la tortura y ejecución de la marquesa de Brinvilliers y hoy resulta casi imposible contrastar su veracidad. Pero lo que sí sabemos es que, tras este supuesto periodo de pruebas, Marie-Madeleine empezó a visitar a su padre con un frasco de veneno furtivo; también corrompió a un sirviente de su padre para que le pusiese dosis en la comida. Durante 1666, Antoine Dreux d'Aubray fue enfermando poco a poco. Nadie sospechó y, además, contaba con 66 años. Falleció el 10 de septiembre con fuertes dolores y con su hija Marie-Madeleine sentada en su cabecera. Se le realizó una autopsia que determinó que había fallecido de manera natural, por gota. El arsénico –uno de los elementos empleados– no era detectable por entonces.

Una vez eliminado su padre, Marie-Madeleine creyó tener su bienestar económico asegurado con la abundante herencia que se le suponía. Sin embargo, no resultó así. Fueron sus hermanos mayores quienes se repartieron la mayor parte. Así que, tras la experiencia «positiva» del primer envenenamiento, la marquesa de Brinvilliers y su amante decidieron elevar la apuesta y deshacerse, con iguales medios, de esos dos obstáculos.

No obstante, estos nuevos
crímenes habrían de ejecutarse
con mayor cuidado, puesto que
eran más jóvenes y dos muertos
seguidos de la misma familia
arrojarían sospechas sobre
ellos. Así que consiguieron que
un antiguo sirviente de Sainte-
Croix, apodado La Chaussée,
entrase como criado en la casa
de los Brinvilliers. Este hombre
tenía unas instrucciones bien
claras.

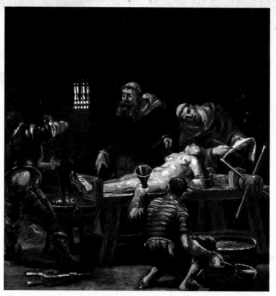

Óleo sobre lienzo de Jean-Baptiste Cariven, realizado en 1878,
que ilustra la tortura de la marquesa.

El plan que se torció

La Chaussée cumplió su
cometido de asesino vicario en
tan solo unos meses. En efecto,
las dos muertes tempranas
suscitaron sospechas y las
autopsias demostraron que sus cuerpos tenían rastros de veneno, pero tanto la
marquesa como Sainte-Croix se habían alejado de París durante aquel verano
de 1670. Libre del escrutinio de la justicia, Marie-Madeleine solo tenía una
hermana más con quien repartir la herencia; pero esta, que sí albergaba dudas,
denegó cualquier invitación para reunirse y puso distancia con París.

Fueron dos años en los que la marquesa, que aún conservaba el rostro dulce
y angelical que desde niña le había acompañado, saboreó la cara dulce del
crimen, sin aparentes remordimientos. Pero un inesperado cabo suelto
–siempre los hay– terminó con su dicha. Sainte-Croix falleció inesperadamente
en 1672, al parecer mientras manipulaba sustancias químicas en su laboratorio.
Sus acreedores reclamaron lo que les correspondía, así que se hizo un
inventario de sus bienes. Entre ellos se encontraba una cajita de cuero rojo
en la que guardaba las cartas con la marquesa, que los incriminaban a ambos,
quién sabe si con intención de servir como extorsión algún día. En cualquier
caso, aquello disparó la atención de las autoridades, que pusieron en busca y
captura a La Chaussée y a la marquesa. Esta, enterada de la aparición de esos
documentos incriminatorios, huyó a Inglaterra. La Chaussée, tras ser torturado,
delató a Marie-Madeleine. Lo ejecutaron el 24 de marzo de 1673 y, aquel mismo
día, ella fue condenada en rebeldía.

La marquesa de Brinvilliers se escondió en Lieja durante unos meses más, hasta
que un policía disfrazado de sacerdote la arrestó. Supuestamente, encontró
entre las pertenencias de ella unos documentos en los que confesaba los tres
crímenes, y otros pretendidos. Sin embargo, en el posterior juicio, del 29 de

POLVOS DE SUCESIÓN Y ASUNTO DE LOS VENENOS

El caso de la marquesa de Brinvilliers sirvió de espoleta para que estallase uno de los casos más sórdidos de la historia criminal francesa, el «asunto de los venenos». A raíz de las investigaciones llevadas a cabo con los crímenes de la marquesa, se descubrió una ramificación que consistía en la venta de venenos como los suyos por parte de una serie de alquimistas y adivinadoras a personajes de la alta sociedad francesa. Eran los «polvos de sucesión», un nombre irónico para denominar una política de hechos consumados para lograr unos objetivos sin dejar huella. El mismo Luis XIV temió ser envenenado y la justicia abrió un tribunal especial (el «tribunal ardiente») para juzgar estos hechos. Cuando el proceso acabó en 1682, se había encarcelado a 216 personas y 36 fueron ejecutadas. Luis XIV falleció en 1715 y aún hoy conserva el récord del reinado más largo de la historia europea.

Grabado que representa a la marquesa el día de su ejecución.

abril al 16 de julio de 1676, lo negó todo. En París no se hablaba de otra cosa más que de aquella aristócrata que había igualado los asuntos de la alta sociedad con los de los arrabales del pueblo llano.

Marie-Madeleine fue torturada mediante el tormento del agua, un método por el que se le hacía beber varios litros de agua a la fuerza, por un embudo. Aun así, tardó en confesar algo y se comportó con una dignidad y entereza sorprendentes. Al final acabó admitiendo todo, quizá como medio de que su martirio acabase. Lo cierto es que, durante el juicio, se acumularon varias pruebas y testimonios en su contra.

La mañana del 17 de julio de 1676 fue conducida a la place de Grève, donde hoy se ubica el Ayuntamiento de París. Antes pasó por la catedral de Nôtre Dame para que la marquesa pudiera pedir perdón a Dios y a Francia por sus crímenes. Ya en la plaza, la multitud agolpada dejó pasar el carro que la conducía hasta el verdugo, quien le afeitó la cabeza antes de cortarle el cuello de un hachazo. Toda ella fue arrojada al fuego instantes después. Al día siguiente, se arrojaron sus restos y cenizas al Sena, porque la multitud, que la consideraba una especie de santa, quería conservar alguna reliquia.

CASO CON DUDAS

LEWIS HUTCHINSON

EL DOCTOR LOCO DE JAMAICA

Nos encontramos ante un hombre despiadado que hizo de la caza de los seres humanos un deporte para su satisfacción. Pudo haber matado a varias personas como un cazador dispara a conejos o ciervos. Un caso que encierra no solo una brutalidad insólita, sino varias muestras del racismo que imperaba en la época.

Hombre frío, de mal carácter, un misántropo. Fue un excelente tirador a distancia. Invitaba a su castillo a quien no se ponía a tiro para saciar su ansia de sangre.

AÑOS EN ACTIVO
De 1768 a 1762.

MOTIVACIÓN
Se desconoce.

TIPOS DE VÍCTIMAS
Cualquiera que pasase cerca de su propiedad.

NÚMERO DE VÍCTIMAS
1-43.

ESTATUS DEL CASO
Condenado a muerte y ahorcado.

¿POR QUÉ MATABA HUTCHINSON? ÉL HABRÍA RESPONDIDO: «PORQUE QUIERO Y PUEDO». Y HUBIERA SIDO MÁS SINCERO QUE PRETENCIOSO. CRUZÓ UN OCÉANO PARA ENCONTRAR UN REFUGIO DESDE EL QUE DAR RIENDA SUELTA A SUS PEORES IMPULSOS.

RESULTA MÁS QUE probable que nadie de nuestro tiempo haya oído hablar de Lewis Hutchinson; y hasta puede ser una buena señal, porque la historia tiene muchos personajes de quienes ocuparse antes que él. Pero un lector de este libro tiene que saber que algunos contemporáneos de Hutchinson lo tenían por «el villano más detestable y malvado que jamás haya deshonrado a la especie humana». Así que vamos a darle licencia para campar por nuestras páginas.

Un escocés en Jamaica

Los datos sobre la juventud de este hombre oscuro escasean. Se sabe que nació en 1733 en Escocia y que estudió Medicina. En la década de 1760 decidió cruzar el Atlántico y establecerse en Jamaica, que desde 1656 había sido ganada por los ingleses a los españoles. Quizá Lewis tuviera un capital y quisiera convertirse en un pequeño señor feudal de ultramar, donde dar rienda suelta a todos sus instintos, alejado de las leyes británicas. Quizá en el Nuevo Mundo el asesinato saliera gratis, o con descuento.

Lo cierto es que Hutchinson se hizo con un amplio terreno en la parroquia de Saint Ann, una zona montañosa del interior de la isla, verde, exuberante y con vistas al mar: el sueño de cualquier adinerado de su época (o incluso de la nuestra). La finca incluía un castillo construido unas decenas de años atrás. Recibía el título de Castillo de Edimburgo por el arquitecto que lo levantó y por su estilo europeo: pequeño y cuadrado con dos pisos y dos torres circulares con aspilleras. Si hoy algún turista quisiera visitarlo no tendría más que caminar por intrincados caminos del condado de Middlesex, donde dicen que aún transitan los fantasmas de los muertos que Hutchinson dejó a su paso.

Corría el año 1768 y Hutchinson ya se había aposentado en su nueva residencia. Y pronto empezaron las habladurías sobre el excéntrico escocés. Evidentemente, se había hecho con ganado y con una serie de sirvientes (esclavos) que lo pastorease; pero, según se decía, buena parte de las cabezas de ese rebaño las había conseguido por medio de robos en las fincas aledañas. Desde un principio, Hutchinson ocupó el papel de vecino indeseable, propenso a las broncas. Ojalá hubiera sido solo eso.

El castillo no quedaba muy lejos del camino principal que unía Saint Ann con Kingston, la capital de la isla. Por allí pasaban tanto viajeros ocasionales como trabajadores que cruzaban el centro de Jamaica. Y empezó a correrse la voz de que muchos de quienes transitaban por esa zona no volvían a ser vistos. Como si se los tragase la tierra. La realidad era mucho más prosaica, y comenzó a saberse por acumulación. Hutchinson se apostaba en las aspilleras de sus torres para disparar a todo aquel que se pusiera a tiro.

Era un vil ejercicio de caza, en el que se había sustituido a un ciervo, un jabalí o una perdiz por un humano. Eso se convirtió en norma durante un tiempo. Y, como probablemente había intuido Lewis, en aquel rincón del mundo dar muerte salía mucho más barato, ya que quién iba a denunciar algo, sin pruebas, contra un rico terrateniente escocés. Aunque era él quien se encargaba de ejecutar a sus presas,

Grabado coloreado de 1803 que ilustra el tratado de paz de la Primera Guerra Cimarrón.

GUERRAS MAROONS

Los crímenes de Lewis Hutchinson se inscriben justo en un periodo crucial de Jamaica, entre las dos Maroon Wars (Guerras Cimarrones). Los Maroons derivan de vocablo español «cimarrón», que describe a todo aquel animal doméstico que se escapa y se asilvestra. Los primeros cimarrones jamaicanos fueron los que se escaparon del dominio español (1493-1655, cuando se denominaba colonia de Santiago) y crearon comunidades de negros libres en las montañas del interior de la isla. Más tarde tuvieron continuados roces con los ingleses (que se hicieron con la isla hacia 1660) que provocaron la Primera Guerra Cimarrón (1728-1739), que se cerró con un curioso acuerdo: los cimarrones ganaban derechos a condición de ayudar a los ingleses en caso de invasión y de detener y devolver a cualquier esclavo que se escapase de las plantaciones. La Segunda Guerra Cimarrón (1795-1796) fue realmente sangrienta y muchos cimarrones fueron deportados a Canadá y a la colonia africana de Sierra Leona. Años después, algunos de esos cimarrones regresaron a Jamaica.

En la actualidad, los cimarrones en Jamaica conservan, en pequeña medida, cierta autonomía y mantienen una cultura separada de la jamaicana.

Puerto de Kingston Jamaica en el siglo XIX.

Hutchinson ordenaba a sus esclavos que llevasen los cadáveres al castillo, donde él se encargaba de desmembrar los cuerpos y arrojarlos al tronco hueco de un algodonero, y los buitres continuarían lo que él empezó. Antes, según declararon sus esclavos, se complacía bebiendo la sangre de sus víctimas.

Hay que reconocerle a Hutchinson que no iba sembrando el terror por toda la isla. Lo suyo no era esconderse por los caminos, no era un violador, de hecho resultaba bastante democrático e inclusivo en su catálogo de víctimas, ya que mataba sin distinción de raza, sexo o abolengo. Lo suyo era la estrategia de la araña, esperar con paciencia a que los insectos se posasen en su red. La caza como deporte, como diversión y los seres humanos, como objetos para su placer.

El cazador cazado

Sin embargo, ese solaz se fue poniendo cada vez más difícil a medida que los rumores se extendían por la isla. Se le empezó a conocer como el Doctor Loco y, quien estuviera al tanto de su existencia, evitaba ponerse a tiro de las aspilleras del Castillo de Edimburgo. Así fue hasta que Hutchinson cometió un error de cálculo. Se enfrentó a otro terrateniente blanco, su vecino el doctor Hutton, con quien –como era de esperar– mantenía una tensa relación por motivo de sus lindes. Lewis se la ingenió para robarle la espada a Hutton cuando este volvía de una reunión de la milicia local, de la cual era coronel. En su intento por recuperarla, Hutton y su hija cayeron en una emboscada que Hutchinson les había tendido. Pudieron ser rescatados por sus esclavos, y Hutton, ya en Kingston, denunció a su vecino por las serias agresiones sufridas. Hutton tuvo que someterse a una trepanación, en la que sustituyeron los huesos del cráneo dañados en la emboscada por una prótesis de plata.

Decidido a resarcirse, Hutton reclutó a un grupo de hombres para dar caza a Hutchinson y llevarlo ante las autoridades. Un soldado inglés, llamado John Callendar, se dispuso a arrestarlo; pero para Lewis, tan sobrado de puntería como falto de escrúpulos, resultó una presa demasiado fácil. Le disparó en el corazón y lo mató. Sin embargo, cometió un error. Lo hizo frente a un colono blanco, que pudo huir. Ese era un cabo suelto demasiado poderoso, ya que el testimonio de un blanco tenía validez legal, no como el de los esclavos. Sabedor de que pronto llegarían otros soldados, el taimado Hutchinson se dio a la fuga. Se dirigió hacia el sur hasta Old Harbour para escapar por mar. La Royal Navy, sin embargo, vigilaba los puertos de entrada y salida de la isla. Dirigidos por el almirante George Rodney, sus soldados interceptaron el barco de Hutchinson. En un último intento por escapar, Hutchinson saltó por la borda. De nada le sirvió: fue capturado y entregado a la ley.

Se procedió a registrar su castillo, donde se encontraron 43 relojes, gran cantidad de ropa y muchos otros artículos, lo que daba a entender que Hutchinson había cometido la mayoría de los asesinatos que se le atribuían. Sus esclavos atestiguaron en su contra –o, simplemente, lo que habían visto durante años–, pero al ser de raza negra, sus palabras no tenían validez jurídica.

El Doctor Loco se defendió como gato panza arriba y fue asistido por uno de los abogados más estimados de la isla. Pero el asesinato de un blanco cometido delante de un blanco valió más que el resto de sus fechorías: con el crimen contra John Callendar, el juez tuvo más que suficiente para mandarlo a la horca. El 16 de marzo de 1773, en la plaza principal de Spanish Town, su cuerpo pendió de ella por primera y última vez. Insolente incluso después de morir, Hutchinson había dejado fondos para inscribir un epitafio en su lápida de mármol: «Desafío su sentencia, orgullo y maldad. Desprecio su poder y muero como un romano». Pero esta vez erró el tiro y sus deseos fueron ignorados.

caso CERRADO

Parte II

SANGRE Y RÍOS DE TINTA

ASESINOS DE UN NUEVO MUNDO

CON LA POPULARIZACIÓN DE LOS PERIÓDICOS NOS LLEGA MÁS INFORMACIÓN DE UNOS ASESINATOS QUE ESCANDALIZAN A LA SOCIEDAD, MÁS ALLÁ DEL ÁREA LOCAL EN LA QUE SON COMETIDOS. LOS ASESINOS EN SERIE DEL SIGLO XIX Y PRINCIPIOS DEL XX SON TAN PERVERSOS Y SÁDICOS COMO LOS DE NUESTRA ÉPOCA.

GESCHE GOTTFRIED

DADME VENENO Y CAMBIARÉ MI MUNDO

La llamaban el «Ángel de Bremen», sin ironía. Sus vecinos, ante tanta caridad con los pobres y cuidados a los enfermos, admiraban su dedicación. Pero las desgracias que la rodeaban no eran un designio de la santa providencia. Gesche *era* la providencia.

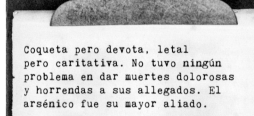

Coqueta pero devota, letal pero caritativa. No tuvo ningún problema en dar muertes dolorosas y horrendas a sus allegados. El arsénico fue su mayor aliado.

AÑOS EN ACTIVO
De 1813 a 1827.

MOTIVACIÓN
Personal y económica.

TIPOS DE VÍCTIMAS
Todo tipo.

NÚMERO DE VÍCTIMAS
15.

ESTATUS DEL CASO
Juzgada y condenada a muerte. Ejecutada por decapitación en 1831.

GESCHE EMPEZABA CON UN POCO DE ARSÉNICO EN LA COMIDA. LUEGO AUMENTABA LA DOSIS. SUS VÍCTIMAS SUFRÍAN DOLORES LACERANTES, SUS ÓRGANOS NO RESPONDÍAN... DABA IGUAL QUE FUERAN SUS PADRES O SUS HIJOS.

¿SE PUEDE SER un ciudadano ejemplar, querido por todos, esforzado y humilde, a la vez que un criminal indeseable? Puede que alguien considere demasiado ingenua esta pregunta en nuestros tiempos, que la lea con una sonrisa condescendiente. Hace dos siglos, sin embargo, hubiera venido al caso. Mucho más si hubiésemos llegado a conocer a las mismísima Gesche Gottfried.

Si nos situamos en el instante antes de su detención, la noche del 6 de marzo de 1828, veríamos a una mujer de clase acomodada, bien vestida, instruida, que lee en el salón de una casa amplia con una estupenda biblioteca, y disfruta de todas las comodidades que podía ofrecer la época. Si preguntásemos a los vecinos de al lado, nos dirían que Gesina Margarethe –a quien todos llaman Gesche, no era una estirada– es una mujer piadosa y esforzada, pródiga en cuidados a quien los necesite. Y que aun así tenía mala suerte. Quizá *demasiada* mala suerte.

Quién no iba a compadecer a una mujer que en pocos años había perdido a tantos familiares, amigos y conocidos, y que los había acompañado, a menudo, hasta su último aliento.

Una educación con valores

Poco o nada se sabe de la infancia de Gesche, más que nació en Bremen un 6 de marzo de 1785 , hija del sastre Johann Timm y de la costurera Gesche. Ese mismo día nació su hermano mellizo Johann Jr. Una familia modesta y piadosa, que educaba a sus hijos en los valores del luteranismo, de caridad y buenas acciones. Luego ellos, ay, hacen lo que quieren.

Gesche ayudaba en los trabajos de costura y también en las cuentas del negocio familiar. Pero a los 20 años se le apareció una gran oportunidad de ascenso

Plaza del Ayuntamiento de Bremen, en un grabado del siglo XIX.

social. El joven viudo Johann Gerhard Miltenberg, de 25 años, y acaudalado heredero de una familia de maestros guarnicioneros le propuso matrimonio a la hermosa y recatada hija de la familia Trimm. En realidad, fue todo obra de un casamentero. Gesche era una joven virtuosa que le vendría bien a Johann Gerhard, cuya reputación había caído como reconocido usuario de las casas de alterne; y la familia de Trimm no podría decir que no a todas las riquezas de los Miltenberg.

Se casaron y tuvieron cinco hijos en poco tiempo (dos murieron nada más nacer). Pero desde el principio se supo que iba a ser un matrimonio infeliz. Johann Gerhard no tenía arreglo: su afición al alcohol aumentaba y sus lazos con los prostíbulos no decaían, de manera que contrajo alguna enfermedad sexual, que lo mantenía medio enfermo. Pero al menos era un marido coherente: si él no le podía proporcionar felicidad, no iba a evitar que ella tuviese sus amantes. De hecho, fomentó que un amigo suyo, comerciante de vinos, visitase la casa y ambos se enamorasen. Se llamaba Michael Gottfried y por el apellido podemos intuir qué iba a pasar...

El negocio de la guarnición iba de mal en peor por la dejación de responsabilidades del marido. Cada vez estaba más enfermo. A Gesche se le ocurrió una idea que la atormentaba. Sus padres guardaban con celo arsénico para las ratas. Quizá podría pedirles algo, mezclarlo con mantequilla y... Mejor quitarse esa idea de la cabeza.

Pero las ideas mueven montañas y acaban con los remilgos. Poco a poco, fue suministrando a su marido dosis de arsénico. Johann Gerhard empezó a sufrir dolores y torturas infinitas, gritando y revolcándose en la cama de manera tal que sus aullidos causaban terror. Cuando murió, su cuerpo estaba tan hinchado que llegaron a pensar que reventaría dentro del ataúd.

UNA PIEDRA PARA ESCUPIR

A la izquierda vemos la *Spuckstein*, una piedra de basalto frente al portal nupcial de la Catedral de Bremen. Sirve para recordar el final de Gesche Gottfried. Se dice que allí se situó el cadalso donde acabó sus días, o bien que su cabeza cayó rodando hasta ese punto. La traducción literal quiere decir «piedra de escupir» y es que se instaló para mostrar desprecio frente a los crímenes de la envenenadora. Hoy se considera una atracción turística.

Fuera molestias

Eso fue un 1 de octubre de 1813. Dieciséis años más tarde, en su postrero juicio, dijo:

> *«Alguna vez, sentada en mi habitación, pensaba que habría sido maravilloso si no hubiera ocurrido nada de aquello. Estaba segura de que Dios me castigaría algún día. Y no, obstante, más tarde volví a sentir el deseo imperioso de repetir aquello».*

¿Volvería a matar Gesche?

Sabemos que sí, no aparece en este libro por casualidad. Y las razones de una asesina resultan casi tan aterradoras como el asesinato en sí. En apariencia, el horizonte quedaba despejado para un matrimonio con Gottfried, tan unido a la familia que hasta sus hijos lo llamaban «tío». Pero, extrañamente, Gottfried no quería casarse. De alguna manera –ya podemos intuir que del universo interior de Gesche rezumaba algo oscuro– ella asoció ese rechazo de su amante a la numerosa familia que la acompañaba: sus dos conservadores padres, sus tres latosos hijos. Y para los grandes males, Gesche sabía poner grandes remedios.

De mayo a septiembre de 1815 fallecieron su madre, su padre y sus tres pequeños hijos. Envenenados, por supuesto. Gesche había seguido el método que le había dado resultado con su marido, sin importarle los atroces efectos del arsénico. Una fiebre homicida había poseído a la viuda, que no distinguía objetivos de medios. Eso sí: cuando sus parientes caían enfermos, era la primera en proporcionarles cuidados, en pasar noches en vela junto a su cama, en suministrarles los medicamentos oportunos. Cierto es que tanta desgracia a su alrededor suscitó alguna habladuría en los más malpensados; pero su piadosa actitud con los enfermos era suficiente con los devotos. Por supuesto, ella tomaba mucho cuidado en que los cadáveres se enterrasen pronto, de manera que el hinchazón que podía ocasionar el arsénico no levantase dudas. Para su suerte, solo se hizo una autopsia a su hijo Heinrich: el diagnóstico fue «muerte por obturación de los intestinos».

En 1816, su harapiento hermano mellizo volvió a Bremen tras las guerras napoleónicas. Acabó con él en pocas semanas: podía ser una molestia con la herencia. «Entonces me convertí de nuevo en una doncella, sin ataduras», confesó. Pero Michael Gottfried no acababa de ceder. ¿Acaso no la querría como ella a él? Sin embargo, Gesche quedó embarazada y se vio forzado a casarse, con tan pocas ganas que la otrora enamorada perdió toda fe en ese matrimonio. Y ya sabemos lo que le sucede a quienes rodean a Gesche Gottfried y la incomodan. El 2 de julio de 1817, ya enfermo Michael, se casaron. Tres días después, murió en la cama. Al contrario de lo que pensaba, no le dejó más que deudas (y el apellido). El hijo de ambos nació meses después, muerto.

Experta en el dolor

Desde 1817 hasta 1823 Gesche Gottfried no mató. A ojos de los demás, llevaba la vida propia de una dama de la mejor sociedad de Bremen. Sin embargo, su situación financiera la aproximaba a la ruina. Y eso fue lo que la condujo a una nueva cadena de asesinatos, en esta ocasión motivada por fines descaradamente económicos. En el plazo de cuatro años fueron cayendo a su alrededor un prometido, amigos, inquilinos, sirvientes y acreedores. Siete personas que, por un motivo u otro, le valían a Gesche más vivos que muertos. Y siempre lograba salir sin mácula de tantos crímenes silenciosos. Sus abnegados cuidados, sus lloros sinceros, no podían venir sino de una inocente mujer.

Pero, como sabemos, se puede engañar a varios un tiempo, pero no a todos todo el tiempo. Desde 1824,

EL SIGLO DE LA FRENOLOGÍA

De la cabeza decapitada de Gesche Gottfried se tomaron impresiones con las que se fabricaron máscaras mortuorias. Se mandaron a diversos hospitales y universidades europeas para su estudiar la fisonomía del cráneo. Hay que recordar que a principios del siglo XIX se desarrolló la frenología, una protociencia propuesta por el neuroanatomista alemán Franz Joseph Gall, que afirmaba que el carácter, la personalidad e incluso las tendencias criminales de una persona se podían determinar por la forma del cráneo, de la cabeza y de las facciones de un individuo.

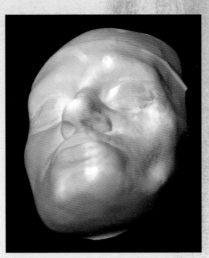

Máscara mortuoria de Gesche Gottfried.

Gesche vivía en su antigua casa familiar, que habían adquirido los Rumpf. A ella la envenenó. Con él intentó casarse, pero pese a sus insinuaciones, no lo consiguió. Gottfried pasó a tomar medidas –ya sabemos cómo–, pero él empezó a sospechar de por qué se sentía tan mal últimamente. Un día descubrió unas pequeñas perlas blancas en la comida que su inquilina le había preparado. Se las entregó a su médico, que no tardó mucho en descubrir su componente principal: arsénico.

La noche del 6 de marzo de 1828, cuando cumplía 43 años, detuvieron a Gesche en su casa. Visiblemente nerviosa, comenzó su defensa acusando a su padre de haber envenenado a sus hijos; pero con el paso de los días su resistencia se fue debilitando y acabó por confesar todo. La acusaron de 15 envenenamientos mortales, otras 15 tentativas y de infidelidad conyugal, robos y estafas, así como de intentos de aborto. En el juicio declaró que «no sabía muy bien por qué había hecho todo eso». Pensaba que su castigo sería permanecer toda su vida internada en una casa de trabajos. Hacía 40 años que no se ajusticiaba a nadie en la ciudad de Bremen.

Sin embargo, el fiscal pidió la pena máxima, porque tales delitos se merecían una sentencia ejemplarizante y que sirviera de aviso a navegantes. Su abogado interpuso un recurso, que no se admitió. La mañana del 21 de abril de 1831 el verdugo de Bremen cortó de un solo tajo el cuello de Gesche Gottfried. Fue la última ejecución pública en la historia de la ciudad.

caso CERRADO

ROMASANTA

¿UN HOMBRE LOBO EN GALICIA?

Cuando nació Manuel Blanco Romasanta, no supieron si era hombre o mujer. Cuando murió, él mismo no sabía si era hombre o lobo. O eso decía. Entre medias, un reguero de cadáveres desmembrados del primer asesino en serie documentado de España.

Hombre cortés y afeminado, de cultura e intelecto superior a la media. Sabía leer en una comarca de analfabetos. Sufría ataques de rabia incontrolada.

AÑOS EN ACTIVO
De 1846 a 1851.

MOTIVACIÓN
Económica. ¿Licantropía?

TIPOS DE VÍCTIMAS
Mujeres, sobre todo.

NÚMERO DE VÍCTIMAS
Nueve reconocidas y otras ocho probables.

ESTATUS DEL CASO
Juzgado y condenado a muerte por garrote vil. La reina Isabel II le conmutó la pena por cadena perpetua.

BAJO LA APARIENCIA FORMAL DE MANUEL BLANCO SE ESCONDÍA UN ASESINO IMPLACABLE. PERO, ¿POR QUÉ MATABA? ¿ERA UN HOMBRE PÉRFIDO O SU ESPECIAL NATURALEZA NO LE DEJABA OTRA OPCIÓN?

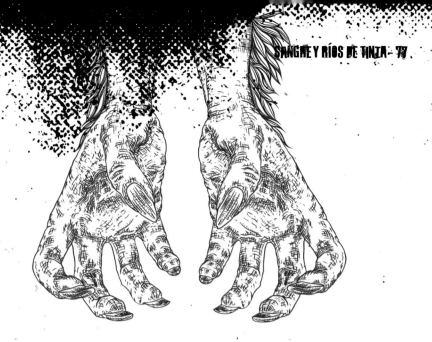

DE LOS TUPIDOS bosques de Galicia brotan historias de meigas, lavandeiras y mouros; entes oscuros, poco tangibles. Decimos que salen de los bosques por nuestra debida humildad a la naturaleza, máxime en un lugar donde el verdor y los mitos se espesan y se intrincan: ojo, hablamos de Galicia. Pero el objeto de este libro nos hace ser más realistas que humildes, no hay por qué fingir: el «lobishome», el licántropo que nos ocupa es producto de los más bajos instintos humanos y de una imaginación más bien torcida y artera que de otra fantasiosa. La historia de Manuel Blanco Romasanta bebe más de aquella que de esta.

Sabemos que su partida de nacimiento lo pone en este mundo un 18 de noviembre de 1809 en una aldea llamada Regueiro, en la provincia de Orense. Y aparece entonces como Manuela; lo de Manuel llegó ocho años después. No es uno de esos casos de errores en los registros. Cuando nació, sus padres dudaron al determinar el sexo del bebé. Basta con mirar ahí mismo, nos diremos. No estaba claro; los forenses de hoy piensan que aquello era un clítoris muy desarrollado, pero posiblemente entonces se creyera que fuera un micropene. Lo más probable es que sufriese un extraño síndrome genético de intersexualidad (pseudohermafroditismo femenino). Nació mujer, pero con un exceso de hormonas masculinas.

El buhonero

Manuel, en cualquier caso, tuvo un crecimiento físico más o menos normal, pese a no llegar a los 1,40 m. Fue un joven listo, que aprendió a leer –algo poco habitual para la época– y adquirió una instrucción notable. Aunque no lucía mucho pelo, tenía una barba poblada, un rostro agradable y tierno y unos modales que algunos describían como afeminados. Eso le permitía trabar amistad más fácilmente con las mujeres; se ganaba su confianza con facilidad. Trabajaba como modista y costurero. Y se casó en 1831. Enviudó, sin hijos (claro), al año siguiente.

Al poco comenzó una nueva vida como buhonero, comerciando con productos de poca monta de aquí para allá, portando con toda su hacienda por los caminos zigzagueantes y recónditos de Galicia y León. Eso siempre viene bien si te empiezan a surgir impulsos sanguinarios.

Conocemos que su primer encontronazo con la justicia fue el lunes 21 de agosto de 1843. El alguacil de León salió al encuentro de Romasanta para embargar sus géneros, ya que debía 600 reales a un comerciante local. Fue lo último que se supo de él con vida. Lo siguiente lo dijo su cuerpo sin vida, cuatro días después. Sin pruebas fehacientes, el juzgado de primera instancia de Ponferrada sentenció a Manuel a 10 años de cárcel. Pero lo fue en rebeldía: nunca se presentó, estando en paradero desconocido para la justicia. No se refugió muy lejos. Volvió a una aldea orensana donde logró resurgir. Sin tarjeta de crédito ni redes sociales es más fácil empezar de cero, prerrogativas de aquellos tiempos.

En la pequeña Rebordechao, Romasanta consiguió granjearse –al menos por un tiempo– la estima de sus vecinos. Sobre todo, de las vecinas. Ellos le consideraban un afeminado, quizá por ello un tipo inofensivo. De conducta ejemplar, se ofrecía para ayudar a sus paisanas con todo su saber –leer ya era toda una ventaja– y su conocimiento del mundo y sus contactos. Al menos, él se vendía así. Seguía, mientras tanto, con su oficio de buhonero. Pero todo aquello escondía otra realidad.

Los forenses actuales dicen que aquel flujo descontrolado de testosterona debía de ocasionarle grandes picos de agresividad. Pero Romasanta no se iba a convertir, tan solo, en un asesino impulsivo. Manuel tenía un *modus operandi* y un objetivo claro. Se ganaba la confianza de madres solteras o separadas –se conservan las cartas de amor que les enviaba; siempre la misma, cambiando según la ocasión el nombre de la interesada– y las convencía para que empezasen una nueva vida en otro lugar. No con él; Romasanta se ofrecía como intermediario, como facilitador, como la persona que les presentaría a alguien en otra ciudad –Santander, por ejemplo– que les ofrecería el trabajo de sus vidas. Para ello habían de partir con sus pertenencias, atravesando la montaña orensana, que tan bien conocía Romasanta. Y allí, Romasanta jugaba –a los asesinos– en casa.

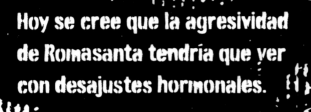

> Hoy se cree que la agresividad de Romasanta tendría que ver con desajustes hormonales.

El primer caso llegó en 1846. Una vecina de Rebordechao, Manuela –así se tenía que llamar su primera víctima–, de 47 años, separada y con una hija, vendió lo poco que tenía y marchó a Santander en busca de trabajo, acompañada de Romasanta, quien les iba a acomodar allí gracias a un sacerdote amigo suyo. No llegaron muy lejos. Manuel las descuartizó por el camino.

El Sacamantecas

En los siguientes cinco años repitió el proceso en varias ocasiones. Cuando los familiares se inquietaban por falta de noticias de los suyos, Romasanta llegaba a falsificar cartas que les llegaban a estos, en las que relataban la felicidad de su nueva vida. Sin embargo, comenzaron las habladurías. De Romasanta se decía que vendía en Portugal un producto grasiento, a modo de remedio casero contra varios males. Y los vecinos de la comarca podían ser incultos y más o menos inocentes. Pero sabían contar y relacionar. Y asociaron todas esas desapariciones con aquel mejunje milagroso que vendía el buhonero más allá de la frontera. De ahí que empezaran a llamarlo, con más alarma que sorna, «O home de unto» o «Sacamantecas». El Sacamantecas es un antiguo personaje del folclore español, que se mentaba a los niños para asustarlos, ya que mata a mujeres y niños para extraerles su grasa y realizar con ella ungüentos mágicos. No iban mal encaminados.

El asunto se precipitó cuando unos amigos de las víctimas reconocieron algunas de sus prendas en una mujer de la comarca, quién admitió haberlas comprado al buhonero. Romasanta, en efecto, daba una segunda oportunidad no solo al cuerpo, sino también a las prendas de aquellos a quienes asesinaba, en una mala praxis de lo que significa el reciclaje. Manuel ya tenía experiencia en desaparecer cuando el horizonte se nublaba y eso fue lo que hizo. Esta vez, mucho más lejos. Se fue al interior de España, a Toledo, a trabajar en la siega de la villa de Nombela. Para su desgracia, dos paisanos orensanos lo reconocieron allí en 1852 y alertaron a la por entonces recién constituida Guardia Civil.

Confiesa un hombre lobo

Romasanta confesó a la primera. Aquellas desapariciones no eran tales, sino asesinatos suyos. Pero lo hizo de una manera sorprendente y más espeluznante si cabe: adujo que lo hizo porque se transformaba en hombre lobo, cosa que no podía evitar, por embrujo o maldición. En el juicio que se abrió contra él, se le acusó de 13 crímenes, de los cuales se le condenó solo por nueve. Y en auto se dijo: «Romasanta no es idiota, ni loco, ni monomaníatico, ni imbécil, y es probable que si fuera más estúpido no fuera tan malo. No hay en su cabeza ni vísceras ni motivo físico que transforme el equilibrio moral, ni el más mínimo vestigio de haber perdido jamás la razón, pero sí la bondad [...] Obra por un fin moral calculado y reflexionado; para tal fin conmina y dispone los medios con sagacidad, aplomo y tacto; este es un cuerdo que ahuyentó del corazón la sensibilidad, su más bello patrimonio, y los sentimientos de humanidad».

Romasanta fue condenado a muerte, nada menos que a ser ajusticiado en el garrote vil y a pagar mil reales por cada víctima. Pero ocurrió algo insólito. Una carta dirigida al tribunal por un tal profesor Phillips, residente en Argel, daba pábulo a la teoría de la licantropía, asociada a la educación supersticiosa que recibió Romasanta, reforzada por la creencia en la maldición familiar y por el ambiente mágico rural. Esa misiva llegó a la reina Isabel II, quien, más crédula que la ley, decidió conmutar la pena de muerte por la de cadena perpetua. Parece que creía que el caso de Romasanta era digno de ser estudiado por la ciencia. ¿Fue el tal Phillips una nueva argucia de Romasanta y su abogado? Al gallego, al menos, le sirvió para vivir hasta 1863 y entrar en los libros de historia como primer y único procesado por licantropía en la historia de España.

caso CERRADO

MEMORIAS DE UN LICÁNTROPO

En el Archivo del Reino de Galicia en La Coruña aparece,
en el epígrafe Licantropía, la causa Nº 1778: «Causa
contra el Hombre Lobo». En ella se pueden leer las
declaraciones tomadas a Romasanta, que no pueden dejar
indiferente a nadie:

«Me llamo Manuel Blanco y Romasanta [...] Viudo, tendero
ambulante, 42 años de edad. Desde hace 13 hasta el día de
San Pedro de 1852, por efecto de una maldición de alguno
de mis parientes —mis padres, mi suegra o no sé quién— he
traído una vida errante y criminal, cometiendo asesinatos
y alimentándome de la carne de las víctimas. [...]
La primera vez que me transformé fue en la
montaña de Couso. Me encontré con dos lobos
grandes con aspecto feroz. De pronto, me caí
al suelo, comencé a sentir convulsiones, me
revolqué tres veces sin control y a los pocos segundos
yo mismo era un lobo. Estuve cinco días merodeando
con los otros dos, hasta que volví a recuperar
mi cuerpo. El que usted ve ahora, señor juez.
Los otros dos lobos venían conmigo, que yo creía
que también eran lobos, se cambiaron a forma
humana. Eran dos valencianos. Uno se llamaba
Antonio y el otro don Genaro. [...] Atacamos y
nos comimos a varias personas porque teníamos
hambre. [...] Desde que me convertía en lobo
mandaba sobre mí el animal. Y así veía y
sentía como lógico el instinto y el hambre
de carne humana. Cuando volvía a ser yo,
a ser hombre, sentía cierta lástima, pero
nada podía hacer».

FRANCISCO GUERRERO

LA VIOLENCIA DE LOS ARRABALES

En los bajos fondos de la Ciudad de México de finales de siglo XIX comenzaron a aparecer los cuerpos de prostitutas decapitadas. Era el cuchillo del Chalequero el que seccionaba esos cuellos, cargado del odio que acumulaba contra las mujeres desde pequeño.

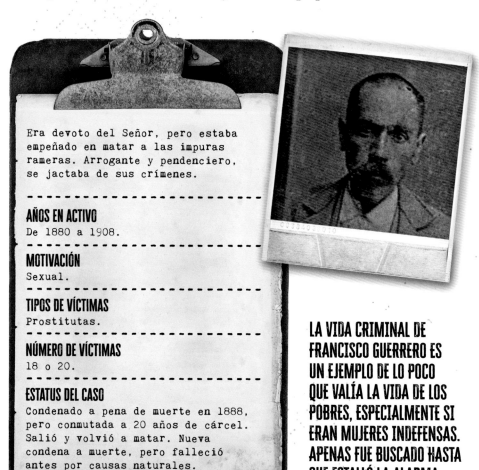

Era devoto del Señor, pero estaba empeñado en matar a las impuras rameras. Arrogante y pendenciero, se jactaba de sus crímenes.

AÑOS EN ACTIVO
De 1880 a 1908.

MOTIVACIÓN
Sexual.

TIPOS DE VÍCTIMAS
Prostitutas.

NÚMERO DE VÍCTIMAS
18 o 20.

ESTATUS DEL CASO
Condenado a pena de muerte en 1888, pero conmutada a 20 años de cárcel. Salió y volvió a matar. Nueva condena a muerte, pero falleció antes por causas naturales.

LA VIDA CRIMINAL DE FRANCISCO GUERRERO ES UN EJEMPLO DE LO POCO QUE VALÍA LA VIDA DE LOS POBRES, ESPECIALMENTE SI ERAN MUJERES INDEFENSAS. APENAS FUE BUSCADO HASTA QUE ESTALLÓ LA ALARMA SOCIAL.

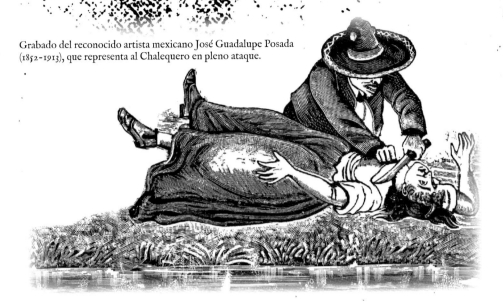

Grabado del reconocido artista mexicano José Guadalupe Posada (1852-1913), que representa al Chalequero en pleno ataque.

POCAS DE LAS 18 víctimas de Francisco Guerrero Pérez lograron ser identificadas. Eran prostitutas, mujeres de vida triste alejadas de sus familias a quienes a menudo nadie reclamaba. Aun así, el Chalequero se afanaba con su cuchillo de curtir la piel –propio de su oficio de zapatero– para que resultase difícil darles nombre. Fue el primer asesino en serie reconocido en México, pero ya sabía que en lo suyo, si se quiere prosperar, cuanto más complicado se lo pongas a la ley, mejor.

Un niño maltratado

Nació en el centro de México en 1840, en un familia tan pobre como prolija: era el undécimo hijo que dio a luz su madre, quien los crio en soledad, ya que el padre se encontraba casi siempre ausente. Quedan pocos rastros de aquella época. Se sabe que ella lo castigaba, lo golpeaba y lo vejaba de palabra tanto en casa como en público. Trabajó en un rastro y allí aprendió a degollar, a cortar carne sin importarle las manchas de sangre y su olor y sabor metálico. Era un joven muy católico, ferviente devoto de la Virgen de Guadalupe y con un carácter dócil, pero con ocasionales estallidos de rabia.

Con 22 años decidió irse a probar suerte a Ciudad de México, donde comenzó a trabajar de zapatero, con las pieles de animales muertos, algo que no le resultaba ajeno. Sin duda, el olor del cuero suponía una mejora con respecto al de la carne viva, había sido un acierto aquel traslado, por mucho que Ciudad de México distase mucho de ser una ciudad atractiva entonces. Las calles de la capital oscilaban entre lo fangoso y lo polvoriento, con abundantes descampados en los que los niños ociosos se educaban en la ley del más fuerte.

Quien tenía suerte encontraba una farola de gas cerca de su casa, alrededor de la cual, por la noche, se hacinaban las cucarachas. En los arrabales, la vida era aún peor, ya que a la indeseada fauna de una ciudad sucia se le sumaba el paisaje humano de las pulquerías. Allí se citaban para emborracharse jugadores, alcohólicos y prostitutas. En ese ambiente comenzó a moverse Francisco Guerrero, un hombre «guapo, elegante, galán y pendenciero», según lo describieron más tarde.

Un criminal impune

Durante el periodo que enmarcaron los años de 1880 a 1888 se comenzaron a localizar a las orillas del río Consulado –que por entonces aún cruzaba la capital– cuerpos de mujeres decapitadas y golpeadas con saña. Todo pasaba por el camino de la Villa de Guadalupe, en una de las zonas más oscuras de la ciudad. Francisco Guerrero –nosotros lo sabemos– era el asesino. Conseguir a sus víctimas le resultaba fácil: se acercaba a ellas porque era un habitual de los servicios de las prostitutas. Las llevaba a un lugar apartado, amparado en la oscuridad reinante y las asesinaba por estrangulación o apuñalamiento. En ocasiones las degollaba y se llevaba la cabeza, bien por puro ensañamiento o tan solo por complicar a la policía.

La ley, en verdad, veía estos asesinatos con cierta indulgencia. En pleno Porfiriato (el largo periodo en el que el general Porfirio Díaz gobernó el país) parecía importar más señalar a los enemigos políticos que a un desconocido violador de un barrio sin importancia que, además, mataba a rameras que apenas tenían a quien les defendiera. Pero, tras ocho años «en el negocio», las pruebas y las denuncias –aunque fueran pocas– se iban acumulando en contra de Francisco Guerrero. La prensa, que hasta entonces había mantenido un

El presidente mexicano Porfirio Díaz revocó su primera sentencia de muerte.

perfil bajo respecto a los asesinatos, comenzó a ofrecer grandes titulares a los crímenes de «el Chalequero». Así se le apodó al asesino, posiblemente como derivado de la expresión «a chaleco», que en Centroamérica quiere decir «por la fuerza».

Quizá crecido por el goteo de sus crímenes sin castigo, o puede que tan solo por la pura jactancia de su personalidad narcisista y misógina, Francisco alardeaba de sus crímenes en los bajos fondos de la ciudad. Sabía, o creía saber, que el temor que causaba su nombre, el miedo a que se enterase de que alguien lo hubiera delatado, le concedía el mejor pasaporte de inmunidad. Pero la soberbia acaba pasando sus facturas. Quizá algún compañero de borracheras lo traicionó –o, simplemente, fue un buen ciudadano– o tal vez la policía puso por fin más ahínco. El detalle en cuestión resultó ser que a su última –por entonces– víctima la vieron con él días antes de aparecer violada y degollada a orillas del Consulado. El 13 de febrero de 1888, cuando los asesinatos del Chalequero ya estaban en boca de media Ciudad de Mexico, fue detenido por las autoridades. Guerrero, envalentonado, confesó sin ambages sus delitos. «Eran simplemente putas», expuso después.

No se pudo determinar bien el número de sus víctimas, aunque se estimó que fueron unas 17. En realidad, a Guerrero lo condenaron tan solo por el último de sus crímenes y por la violación e intento de asesinato de otra joven a la que creyó dejar muerta pero sobrevivió, y que enterada del caso se personó en el juicio. Fue suficiente para condenarlo a muerte. Sin embargo, el presidente mexicano Porfirio Díaz revocó la sentencia, que le fue conmutada por 20 años de prisión.

La próxima ejecución de Francisco Guerrero (á) el Chalequero, degollador de mujeres. Comunicación de la sentencia.

Francisco Guerrero en la prisión de Lecumberri, el día en que cumplió 70 años.

La prensa de la época no había dudado en especular sobre la apariencia física y el estrato social al que debía pertenecer el Chalequero: lo retrataban como alguien de baja extracción social, analfabeto, con mala apariencia y malos modos, y un nivel de inteligencia subnormal; debía ser un mestizo o un indígena, de rasgos toscos, muy masculino, casi simiesco. Y acertaron de pleno con su condición social, pero se asombraron al descubrir a un hombre educado, de seductora dicción y galante. También realizaron una curiosa comparación: en la otra orilla del Atlántico, el célebre Jack el Destripador cometía fechorías similares casi a la par. Cuando las noticias llegaron a México, la prensa habló de él como el «Chalequero inglés».

Recaída en el crimen

Extrañamente, le fue concedido el indulto en 1904, debido a un error. Con 64 años, muchos hubieran considerado a Guerrero como un anciano inofensivo. Pero él no. Aún se consideraba «un hombre», igual de pendenciero que antes, como si 16 años entre rejas no hubieran bastado para domarlo. Con esos mimbres, era fácil que el Chalequero volviese por sus fueros.

El 13 de junio de 1908, cuatro años después de su liberación, justo cuando hubiera debido de ser liberado de no mediar su indulto, Francisco Guerrero mató de nuevo. La víctima fue una anciana a quien ejecutó con el mismo *modus operandi* que aquellas prostitutas en el finado siglo XIX y que apareció decapitada a orillas del río Consulado. Curiosamente, fue un periodista quien, tras observar el cómo, el qué y el dónde de la noticia que cubría, ató cabos y, sabiendo de la libertad de Guerrero, lo denunció a la policía. El Chalequero, por supuesto, no lo negó. Tampoco se arrepintió jamás de ninguno de sus crímenes.

En esta ocasión, la suerte no le sonrió. O mejor dicho, ningún presidente (Pofirio Díaz seguía al frente del país) desdijo a la justicia. Fue condenado a muerte e ingresado en el penal de Lecumberri, donde se le ajusticiaría. Sin embargo, un día amaneció postrado en su cama, inmóvil. Tenía un trombo cerebral. Lo trasladaron al Hospital Juárez y allí terminó sus agitados días.

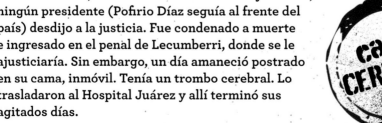

caso CERRADO

663 Gen Porfirio Díaz   President of Mexico   Waite Photo

CALAVERA CATRINA

EL PORFIRIATO Y LA CATRINA

Dos personajes muy representativos de la política y de la cultura mexicanas son imprescindibles para el relato de esta historia. Uno es el militar Porfirio Díaz, quien se mantuvo en el poder durante todo el periodo de acción sanguinaria del Chalequero. Fue él, además, quien le concedió la gracia de conmutar la pena de muerte por un arresto de 20 años. Díaz gobernó el país de 1876 a 1911 (con un lapso de cuatro años en el que cedió la presidencia) y se convirtió en una especie de dictador, cuyo régimen fue conocido como el «Porfiriato». Fue el ejército de Pancho Villa quien logró sacarlo del poder.

Abríamos este artículo sobre el Chalequero con un grabado de José Guadalupe Posada, artista mexicano contemporáneo del famoso muralista Diego Rivera. Posada fue quien ideó la imagen de lo que hoy conocemos como «La Catrina». Sirvió como ilustración recurrente que acompañaba a unos artículos periodísticos en tono burlón que criticaban tanto la situación general del país como la de las clases altas. Posada la denominó, en un principio, como «La Calavera Garbancera»: las «calaveras» son unos escritos en tono literario y satírico sobre la muerte y sobre la situación del país; los «garbanceros» eran quienes vendían garbanzos, pero querían pasar por europeos o afrancesados. Más tarde, Diego Rivera la bautizó como Catrina y le dio su atuendo característico. Con la palabra «catrín» se definía de manera despectiva a un dandi local, a menudo un hombre nativo o mestizo que imitaba las maneras europeas, aunque fuera pura apariencia.

Con el tiempo, la Catrina se ha convertido en un icono popular de México. A nivel internacional se considera un símbolo de la particular visión mexicana sobre la muerte y sus ceremonias.

JACK EL DESTRIPADOR

EL REY DE LOS ASESINOS EN SERIE

Si no sabemos su identidad, ¿por qué seguir hablando de él? Pues precisamente ese es su secreto. Los crímenes que sacudieron Londres en 1888 llevan siglo y medio formando parte de la cultura universal, como si este perturbado nos perteneciese a todos.

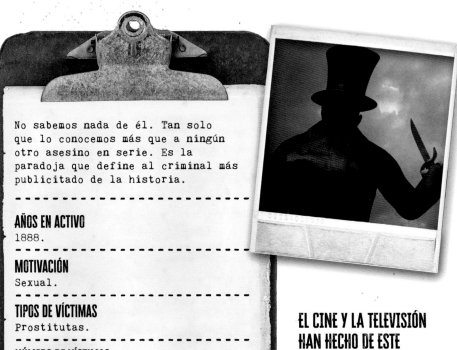

No sabemos nada de él. Tan solo que lo conocemos más que a ningún otro asesino en serie. Es la paradoja que define al criminal más publicitado de la historia.

AÑOS EN ACTIVO
1888.

MOTIVACIÓN
Sexual.

TIPOS DE VÍCTIMAS
Prostitutas.

NÚMERO DE VÍCTIMAS
Cinco «canónicas».

ESTATUS DEL CASO
Hubo arrestados y sospechosos, pero ningún acusado ni condenado. El misterio lo sigue rodeando.

EL CINE Y LA TELEVISIÓN HAN HECHO DE ESTE CRIMINAL EL ARQUETIPO DEL ASESINO EN SERIE, CON LA VENTAJA DE QUE PARECE UN ICONO, UN SER FICTICIO. SUS VÍCTIMAS NO PENSARÍAN LO MISMO.

DESDE EL INFIERNO
Mr Lusk:
Señor, os envío la mitad del riñón que tomé de una mujer:
lo guardé para usted. La otra pieza la freí y la comí, fue muy
agradable. Quizá os envíe el ensangrentado cuchillo que lo sacó,
si tan solo aguardáis un poco más.
Atrápeme cuando pueda, míster Lusk.

EL DE ARRIBA es el único texto con visos de ser real atribuido a Jack el
Destripador, el asesino en serie más famoso de todos los tiempos y, a la par, el
más desconocido. ¿Quién fue? No lo sabemos y esa es parte de su «encanto»,
como si se hubiera puesto en manos de un asesor de imagen con aires de
futurólogo. No lo sabemos, no lo sabremos y, sin embargo, todavía seguimos
con esos ríos de tinta que acompañaron a los de sangre desde abril de 1888,
como si el truco final del asesino aún estuviera por venir, como si aún quedase
una piedra por levantar, otro hilo por tirar, otra carta por abrir. Muchos darían
años de vida, una libra de carne, algún órgano no vital, con tal de dar con el
nombre definitivo del asesino, la piedra filosofal de la criminología.

Un Londres victoriano

La historia de estos crímenes no se despega de la bruma de Londres, bajo
los designios entonces –como todo el Reino Unido– de la reina Victoria, tan
contenida, tan puritana, tan orgullosa, que nunca creyó que un inglés pudiese
cometer crímenes tan atroces como los que sobresaltaron a sus parroquianos
aquel año 1888. La ciudad del Támesis era la capital de un vasto imperio

que dominaba la India y buena parte de África y cuya flota naval comerciaba por todo el planeta. Pero Londres se oscurecía en demasiadas calles, asoladas por la pobreza, la prostitución y la desesperación. Es lo que sucedía en el East End, sobre todo en el barrio de Whitechapel. Era el Londres en el que acababa todo aquel que no podía vivir en otro sitio. Una maraña de callejones sin gracia, malolientes, un sumidero de desgracias que evitaba la mayoría de ciudadanos de bien, para quienes Whitechapel era poco menos que un agujero en el mapa, algo que no se podía atravesar porque no existía. Sin embargo, allí se apiñaban 80 000 personas, porque la inmigración llamaba a la inmigración y a la tasa de natalidad solo la nivelaba la de mortalidad.

El robo y la violencia constituían la moneda de cambio habitual. Calles como Flower & Dean o Dorset eran descritas como los lugares más peligrosos del Reino Unido. En ese ambiente aparecieron una serie de crímenes similares, si bien solo cinco pertenecen «seguro» al mismo autor, mientras que otros –anteriores y, sobre todo, posteriores– no se atribuyen con igual seguridad a nuestro asesino, quien sin duda desató un horda de imitadores. El primero de ellos no llamó especialmente la atención. El cuerpo de una prostituta vieja y desdentada se descubrió la mañana del 8 de agosto. Es cierto que había sido degollada y después destripada, y que la minuciosa mutilación de sus órganos sexuales anunciaba la existencia de un depravado sexual. En fin, tampoco nada extraordinario para Whitechapel, que siguió en su farragosa cotidianidad: para qué detenerse en aquello.

Publicidad criminal

Algo cambió un mes después, cuando otra prostituta apareció muerta en similares circunstancias. El barrio, al menos, sí que se estremeció. Scotland Yard empezó a moverse, aquello podía esconder algo más y los vecinos de la zona, aunque pobres y denostados, eran muchos y algo esperaban de la autoridad. El resultado de la investigación, eso sí, fue nulo. Poco después comenzaron a llegar cartas a la policía y a la prensa, que fueron las que

Imagen del cuerpo de una de las víctimas en la morgue tras la autopsia.

police officers just for jolly wouldnt
you. Keep this letter back till I
do a bit more work then give
it out straight My knife's so nice
and sharp I want to get to work
right away if I get a chance.
Good luck.
    yours truly
        Jack the Ripper
Dont mind me giving the trade name

From hell

Mr Lusk

Sor
I send you half the
Kidne I took from one women
prasarved it for you tother piece I
fried and ate it was very nice I
may send you the bloody knif that
took it out if you only wate a whil
longer
    signed   Catch me when
            you Can
        Mishter Lusk.

Arriba, la carta «Querido Jefe», con la firma de Jack el
Destripador. A la derecha, la carta «Desde el infierno».

CARTAS Y SOSPECHOSOS

De entre los cientos de cartas que
recibió la policía que reclamaban
la autoría de los crímenes, solo
tres alcanzaron un cierto grado de
notoriedad: la carta «Querido jefe», la postal «Saucy Jacky»
y la carta «Desde el infierno». La primera de ellas fue la
que condujo a que el asesino recibiese el nombre de Jack el
Destripador, ya que al final firmaba así. Como esa fue la
primera carta que la policía distribuyó por toda la ciudad,
el nombre se popularizó. La segunda fue célebre porque, en un
primer momento, se pensó que había sido mandada antes de que
la policía descubriese el crimen doble de septiembre; pero fue
un error de interpretación. La tercera es la más conocida de
ellas, dirigida a George Lusk, líder del Comité de Vigilancia de
Whitechapel. La carta le llegó en una pequeña caja que incluía
la mitad de un riñón conservado en alcohol, en teoría de su
cuarta víctima.

Asimismo, la policía divagó mucho sobre los
sospechosos de los crímenes. Se apuntó a varios
hombres, por motivos que la misma Scotland Yard
reconoció como débiles. Por ejemplo, el caso de
Montague John Druitt, un abogado cuya propia
familia creía en su culpabilidad. Sus dos únicas
«pruebas en contra»: que apareció ahogado -por
suicidio- en el Támesis a los pocos días de cesar
los crímenes y que era homosexual (por lo que
su familia lo consideraba un depravado). Otros
casos fueron los de carniceros, médicos o barberos
extranjeros, mejor si eran judíos.

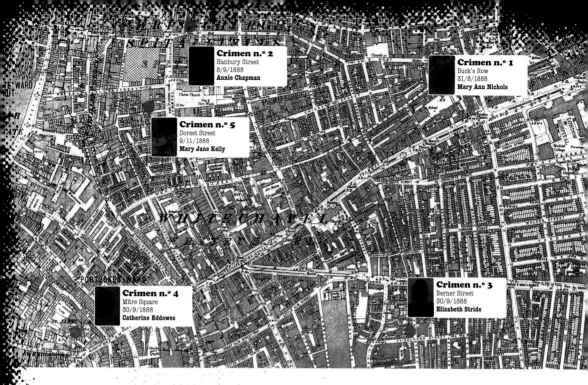

Crimen n.º 2
Hanbury Street
8/9/1888
Annie Chapman

Crimen n.º 1
Buck's Row
31/8/1888
Mary Ann Nichols

Crimen n.º 5
Dorset Street
9/11/1888
Mary Jane Kelly

Crimen n.º 4
Mitre Square
30/9/1888
Catherine Eddowes

Crimen n.º 3
Berner Street
30/9/1888
Elizabeth Stride

disparon la alarma en todo Londres. Si no hubiera sido por ellas, todo hubiera conservado un aire doméstico, como un asunto entre vecinos, las cosas del East End. Pero la prensa publicó esas cartas, la policía las reprodujo a miles y empapeló la ciudad con esos facsímiles, con la esperanza de que alguien pudiese reconocer aquellos trazos dudosos. Fue la gasolina que el fuego del miedo y del morbo necesitaba para extenderse por toda la ciudad. Sí, un asesino anda suelto, aquí en Londres, la capital del mundo. En una de ellas firmaba como «Jack el Destripador» y con ese nombre hizo carrera, hasta hoy.

Comenzaron a formarse patrullas de vigilancia vecinal. Se instituyó el Comité de Vigilancia de Whitechapel, presidido por George Lusk (ver recuadro de la págin anterior). Con escaso éxito, porque el 30 de septiembre amaneció con dos (¡dos!) nuevas prostitutas descuartizadas con el mismo patrón, la firma de un auténtico perturbado. La policía, aunque totalmente desorientada, apuntó que por la pericia de los desmembramientos, el criminal debía de ser carnicero, cirujano o médico; y que trabajaba, puesto que los asesinatos se cometían en fin de semana. Se investigó a los carniceros locales, a los matarifes que despedazaban el ganado, pero sin resultado. También brotó el racismo: la misma reina Victoria dio pábulo a la idea de que tendría que ser un judío el culpable.

Tal era el revuelo en Londres, cercano a la histeria, que la policía pidió al forense de la policía –de nombre Bond, Thomas Bond– un informe sobre las habilidades quirúrgicas de Jack el Destripador, en lo que se considera el primer *perfil criminal* de la historia:

No dudo que los cinco asesinatos fueron cometidos por la misma mano. En los primeros cuatro las gargantas parecieran haber sido cortadas de izquierda a derecha, mientras que en el último caso, debido a la considerable mutilación, es imposible señalar en qué dirección se hizo la cortada. [...] El asesino, en su apariencia externa, es muy probable que sea de aspecto inofensivo. Un hombre de mediana edad, bien arreglado y de aire respetable. Puede tener el hábito de llevar capa o abrigo porque si no, la sangre de sus manos y ropas hubiera llamado la atención a los viandantes.

Bond también afirmaba que el asesino debía incurrir en «ataques periódicos de manía homicida o erótica» y que el carácter de las mutilaciones era un probable indicador de «hipersexualidad». Sin embargo, él mismo se mostraba incapaz de determinar, en realidad, el carácter y las motivaciones reales del asesino de Whitechapel.

El quinto crimen fue el más escabroso. En esta ocasión, el asesino mató a la prostituta en la habitación donde ella atendía, sin peligro de que lo descubriesen, así que se tomó todo el tiempo necesario para ensañarse con aquella mujer, que quedó prácticamente irreconocible. Nada de su cuerpo estaba donde era de esperar: el Destripador lo había esparcido concienzudamente por todo el cuarto. Los forenses tardaron medio día en recomponer aquel puzle truculento.

Hipótesis sin pruebas

A partir de ese crimen macabro, la policía perdió de vista a Jack el Destripador. No es que desaparecieran los crímenes en Whitechapel: el barrio continuó siendo un sumidero de los bajos instintos humanos, pero los nuevos muertos no casaban con el patrón tan personal del asesino que les había traído de cabeza, eran más «mundanos», quizá cometidos por otros perturbados que querían imitar al original. Se había entrevistado a unas 2 000 personas, de las cuales más de 300 fueron investigadas y 80, detenidas. Pero no se llegó a acusar a nadie, todas las sospechas carecieron de fundamento sólido.

A partir de febrero de 1891, la policía cerró el expediente de los crímenes de Whitechapel. De igual manera que un día comenzaron, otro terminaron. Quién sabe. Puede que a Jack el Destripador lo detuvieran por cualquier otro motivo; puede que muriese por cualquier enfermedad sin pedigrí, una mala bacteria en un vaso de agua corrompida; incluso puede —poco, muy poco probable— que se diese por satisfecho. Eso —solo hace falta leer este libro— nadie se lo cree.

CASO ABIERTO

H. H. HOLMES

DE LA MENTIRA AL CRIMEN HAY MEDIO PASO

Holmes no pertenece al club de los asesinos descerebrados. Al contrario, era un joven más que inteligente: podemos definirlo como retorcido. Le excitaba más el dinero que la sangre. Pero si para ello había que matar, aquello nunca sería un problema.

Joven narcisista y sin escrúpulos. Tenía buena apariencia y el don de la palabra. Su falta de moral le permitía traspasar cualquier barrera para llegar al dinero, su dios.

AÑOS EN ACTIVO
De 1891 a 1894.

MOTIVACIÓN
Económica.

TIPOS DE VÍCTIMAS
Amantes y acreedores.

NÚMERO DE VÍCTIMAS
Cuatro seguras y nueve con bastante probabilidad. Él se atribuyó 27.

ESTATUS DEL CASO
Juzgado y condenado a muerte. Ahorcado en el cadalso en 1896.

UN EMBUSTERO ES ALGUIEN PELIGROSO. Y UN EMBUSTERO SIN MORAL, UN PELIGRO PÚBLICO. HOLMES CARECÍA DE FRENO Y FUE ACUSADO DE LOS CRÍMENES MÁS ATROCES Y SÁDICOS.

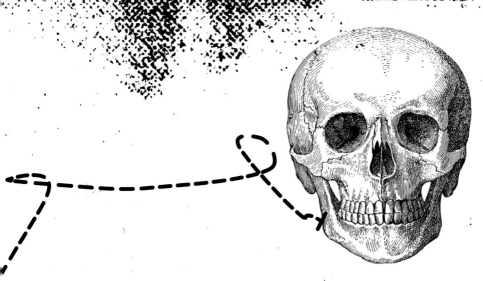

Vamos a hacer un pacto con el lector: léase este artículo despaciosamente, sin adelantarnos al final. Es la mejor manera de afrontar tanto su lectura, como los hechos relacionados con un personaje tan poliédrico y maligno como Henry Howard Holmes.

Fue un asesino en serie, un estafador y un mentiroso compulsivo, sobre eso no hay dudas. Nació en 1861 en el estado de New Hampshire, Estados Unidos. Sus tropelías comenzaron pronto: el joven Herman Webster Mudgett (tal era su nombre por entonces) prometía dar que hablar. Se matriculó en Medicina en la universidad de Michigan y allí ya trapicheó con cadáveres. Mudgett era un hombre apuesto, inteligente y con un estimable encanto personal. Cuando en 1886 comenzó a trabajar como boticario en una farmacia de la zona de Chicago, ya le había dado tiempo de abandonar a dos esposas y a perpetrar todo tipo de delitos, como estafar a uno de sus suegros. Si no hay nada peor que engañar a un padre, engañar a un suegro nunca debería ir más allá del vigésimo lugar.

En efecto, Mudgett empezó a ser Holmes en 1886, cuando su reguero de estafas empezaba a aconsejar varios cambios en su vida. Quizá el mejor habría sido dejar atrás las estafas y sentar la cabeza, pero como jovenzuelo alocado de finales de siglo se conformó con algo más epidérmico: el citado cambio de nombre y un cambio de residencia. Se mudó a Chicago, dejando atrás dos familias: la de su primera mujer, Clara, y la de la segunda, Myrta. Con ambas había tenido un hijo.

Lo de las estafas era su modo de vida y, a la larga, el desencadenante de la mayoría de sus crímenes. Su especialidad era engañar a compañías de seguros, bien fingiendo muertes, bien provocándolas. Como durante parte de su juventud tuvo acceso a cadáveres, los empleaba para simular muertes: Esos finados, casualmente, poco antes le habían cedido a él –o a una de sus identidades falsas– sus bienes en el testamento. La falsificación de cheques y de

HOLMES' "CASTLE" (63d St , Chicago, Ill.)

documentos públicos tampoco le era ajena, así que podemos definirlo como un virtuoso del fraude y de la manipulación.

Volvamos a Chicago. Holmes empezó a trabajar en la botica de la señora Elizabeth S. Holton, en la esquina de South Wallace Avenue y West 63rd Street, en Englewood, un barrio del extrarradio. El joven, guapo y encantador señor Holmes demostró ser un empleado competente. Tiempo después, la señora Holton y su marido desaparecieron y Holmes se hizo cargo de la muy rentable tienda. Más tarde se sabría que el secreto de su éxito incluía prácticas como la venta por correo de medicinas patentadas de su propia invención. Nada de lo que Holmes tocaba quedaba limpio.

Negocios en auge

Con el dinero de su boyante negocio –y con su tesón de hormiguita en las estafas: oiga, el dinero no cae del cielo así como así– hizo lo que tantos otros adinerados a lo largo de la historia: invertir en inmuebles. Compró un terreno vacío frente a la farmacia y mandó construir un costoso edificio. La planta baja sería para locales comerciales –entre ellos, una nueva farmacia– y los dos superiores, para alquiler de apartamentos. También había un sótano, a salvo de las miradas.

La construcción no fue fácil. Hay muchos gastos, muchos proveedores que te quieren engañar, que no tienen paciencia. Uno de ellos cometió la imprudencia de ir a reclamar a Holmes a su misma farmacia un pago. El pobre hombre falleció de una apoplejía en el mismo establecimiento; eso le pasa a cualquiera.

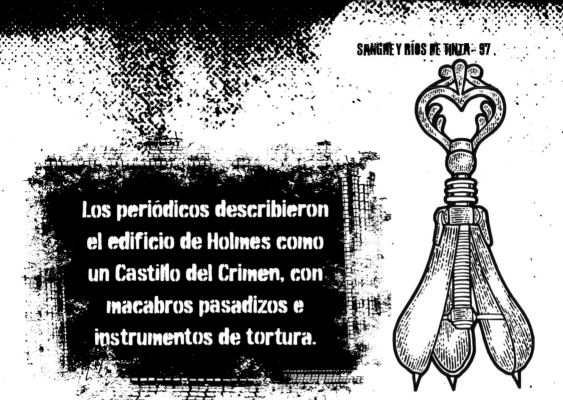

Los periódicos describieron el edificio de Holmes como un Castillo del Crimen, con macabros pasadizos e instrumentos de tortura.

Los arquitectos y los herreros tampoco recibían sus pagos a tiempo, pero Holmes sorteaba su impaciencia afirmando que empezaría a rentabilizar su inversión en 1893. Y era cierto que, ese año, Chicago iba a acoger la Exposición Colombina Mundial, una feria en la que conmemorar los 400 años desde la llegada de Colón al Nuevo Mundo.

Empezaron a suceder cosas extrañas alrededor de Holmes y su nuevo edificio. Y en este libro, esas cosas extrañas suelen ser sinónimo de desapariciones, muertes o malas noticias para todos, menos para uno. Porque a Holmes no le iba mal con tanta desgracia. Una de esas primeras desapariciones fue la de Julia Smythe, empleada de la farmacia y que se había mudado a los apartamentos de Holmes junto a su marido e hija. Julia cayó bajo los encantos de Holmes y se hicieron amantes. Cuando el marido descubrió el engaño, se marchó. Julia y su hija se quedaron con Holmes, pero desaparecieron en la navidad de 1895. El desconcertado boticario dijo que ella falleció durante un aborto.

Esa pauta (empleada-amante-desaparición) se repitió en varias ocasiones. Sin embargo, esas personas desaparecidas tenían seguros de vida o testamentos recién modificados. No pensemos mal: no se lo dejaban a Holmes; más bien a identidades falsas de Holmes. También intentó estafas con incendios provocados y otras falsedades. En una de ellas le salió mal y fue a parar unos días a la cárcel. Que nadie piense que escarmentó.

Las estafas de Holmes eran como una bola de nieve, cada vez más grandes e imparables. La última de ellas lo sepultó. Había conocido a Benjamin Pitezel, un

carpintero de turbio pasado, con el que planeaba fingir la muerte del artesano para cobrar la póliza del seguro. El plan pasaba por lo que ya podemos llamar *hacer un Holmes*: robar un cadáver y hacerlo pasar por el de Pitezel, pero debió ser que sus escrúpulos no le dejaron, por una vez, mentir, y acabó matando él al carpintero. Cobró el seguro y se quedó al cargo de la mujer de Pitezel y tres de sus hijos. También los mató. A los niños los encerró en una maleta grande, introdujo una goma y por ella un gas que los asfixió.

El Castillo del Crimen

De tanto rizar el rizo, las compañías aseguradoras empezaron a desconfiar un poco, luego más y después, del todo. Contrataron a la por entonces célebre agencia de detectives Pinkerton para dar con Holmes. Fue detenido en Boston en noviembre de 1894 –dispuesto a dejar el país–, acusado de robo de caballos. Pero se ve que en ese negocio no estaba tan preparado. Había ya demasiados cabos sueltos y la policía de Filadelfia encontró los cadáveres mutilados de los niños Pitezel. En Chicago, policía y reporteros investigaron todas esas desapariciones que acompañaron a Holmes. Y entraron al edificio que había mandado construir. Según los periódicos, lo que encontraron allí fue sobrecogedor: la zona de apartamentos estaba diseñada como un extraño laberinto de habitaciones sin ventanas, falsos suelos, pasadizos secretos, trampillas y toboganes. La mayoría de las habitaciones tenían salidas de gas que se controlaban desde el dormitorio de Holmes. Muchas estaban insonorizadas y no se podían abrir desde dentro. Algunas estaban revestidas de amianto, presumiblemente para incinerar a la víctima. Conductos y pasadizos llevaban al sótano, donde Holmes instaló un horno para incinerar los cadáveres, así como varias fosas de cal para deshacerse de las pruebas que pudieran quedar. También tenía una zona de cirugía equipada con los aparatos médicos habituales, así como varios instrumentos de tortura, como un potro. El Castillo del Crimen, lo llamaron.

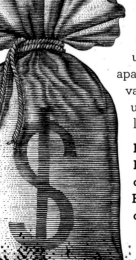

caso CERRADO

Holmes, ya en prisión, confesó 27 asesinatos. La prensa afirmó que en el sótano de Chicago había restos de más. De cientos, se llegó a decir. Lo cierto es que Holmes terminó colgado de una soga el 7 de mayo de 1896, días después de cumplir 35 años.

THE EXECUTION OF HOLMES—SCENE WHILE HE WAS MAKING HIS FINAL ADDRESS

LA HISTORIA PONE A CADA UNO EN SU LUGAR

La historia también es una ciencia, dicen los historiadores.
Y ha de someterse a pruebas. En los últimos años, varios
investigadores han demostrado que las afirmaciones sobre el
lúgubre y maquiavélico Castillo del Crimen del Holmes eran meras
exageraciones de la prensa amarilla de entonces. Los periódicos
de William Randolph Hearst, el gran magnate de la comunicación
del momento, le pagaron la enorme cifra de 7500 dólares a Holmes
por una memorias que se demostraron exageradas o, directamente,
falsas. ¿Nos acordamos de la señora Holton y su marido? Holmes
se atribuyó su muerte, cuando la ley demostró que estaban vivos.

En sus pesquisas, los historiadores actuales han descubierto
otras exageraciones de la prensa amarilla de Hearst, que actuaba
sin ningún control con la única excusa de vender ejemplares.

Otros rumores actuales vinculan a Holmes con Jack el
Destripador. Los herederos de Holmes afirman que su antepasado
era en realidad el famoso violador, y que habría viajado a
Londres para ampliar su nómina de crímenes. Pero en Londres
existió un psicópata sexual, un violador. Holmes era un
psicópata que mataba por dinero a hombres o mujeres. Hay quien
quiere llamar la atención de cualquier manera.

Sin duda, Holmes fue un asesino execrable y sin escrúpulos,
uno de los primeros en Estados Unidos y merece una repulsa
unánime. Pero también es un buen ejemplo del viejo adagio del
peor periodismo: «No dejes que la verdad te arruine una buena
historia».

JANE TOPPAN

UN ÁNGEL DE LA MUERTE EN BOSTON

En su defensa, esta enfermera afirmaba que mató a sus víctimas para darles un merecido descanso. Pero se demostró que los envenenaba por puro placer, que había algo en esa sensación de poder que había despertado una pasión irrefrenable. Dijeron que estaba loca.

Feliz, despreocupada y cariñosa. Así la definían sus pacientes, encantados con esta enfermera. En realidad, lo que ella más amaba era la muerte, la de los otros.

AÑOS EN ACTIVO
De 1895 a 1901.

MOTIVACIÓN
Sadismo.

TIPOS DE VÍCTIMAS
Ancianos, principalmente.

NÚMERO DE VÍCTIMAS
11 confirmadas, probablemente 31 o más.

ESTATUS DEL CASO
Juzgada y considerada no culpable por locura. Recluida de por vida en un psiquiátrico.

A TOPPAN, CON SU SONRISA ANGELICAL, NO SE LE RESISTÍA NINGÚN ANCIANO. TODOS ESTABAN ENCANTADOS CON ELLA, HASTA QUE UN DÍA ENFERMABAN Y DECÍAN ADIÓS. SOLO ELLA SABÍA BIEN POR QUÉ.

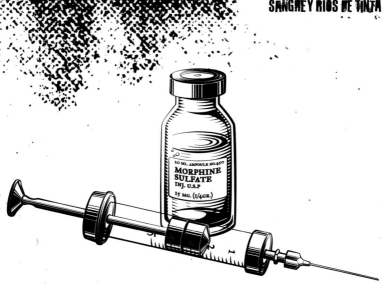

EN UNA ENTREVISTA en el Hospital Psiquiátrico de Taunton, en el estado de Massachussets (Estados Unidos), Jane Toppan declaró que si hubiese estado casada y hubiera tenido una familia feliz, nunca habría asesinado a nadie. Lo dejamos aquí, como argumento de peso para convencer a la cuñada soltera de las bondades del matrimonio en la próxima cena de navidad. También el resto de la historia, por si es la cuñada quien nos lee.

Crecer entre la locura

La vida dio muchas vueltas para Jane Toppan, tantas que cuando nació en 1854 no era ni Jane, ni Toppan, sino Honora Kelly, hija de emigrantes irlandèses en Boston. Su madre, Bridget Kelley, falleció por un brote de tuberculosis cuando ella era una niña pequeña. Su padre Peter, sastre de profesión, no superó su pérdida y, según quienes lo conocieron, se fue sumiendo poco a poco en la locura: Kelly «el Chiflado», lo llamaban. Tanto que se dice que llegó a coserse los párpados: la alta costura mal entendida.

Crecer en ese ambiente se hizo insostenible para ella y su hermana y el padre las llevó al Orfanato Femenino de Boston en 1863, para no volver a verlas jamás. Es muy probable que aquellos años en el hogar familiar las dejaran marcadas para siempre. Se sabe que su hermana Delia acabó ejerciendo la prostitución para terminar muriendo finalmente alcoholizada y en la indigencia. Honora tuvo más suerte –los futuros enfermos a su cargo, no tanta–: con siete años, la familia Toppan la acogió en su casa como criada y le proporcionaron una educación; la hija de la familia, Elizabeth, se convirtió prácticamente en su hermana. No fue una adopción en toda regla, pero casi. Honora cambió su nombre por el de Jane y tomó el apellido de sus benefactores.

Los Toppan, que la trataban casi como una hija, la mandaron al Hospital de Cambridge (Massachussets) para que estudiase enfermería. Allí pasaba mucho

Hospital General de Massachusetts.

tiempo con los enfermos y aprendió las aplicaciones y la potencia de diferentes opiáceos. Durante esos años comenzó a experimentar con los pacientes, sobre todo con fármacos como la morfina y la atropina. Por su cuenta y riesgo les cambiaba las dosis recomendadas por los médicos para observar los efectos en su sistema nervioso. Cuando llegaba una sobredosis, se metía en la cama con los pacientes y los abrazaba en el momento de su muerte. ¿Una buena enfermera precursora de los cuidados paliativos? ¿Una chiflada que ponía en riesgo la vida de sus pacientes?

Es cierto que Jane tomó mucho cariño a sus pacientes, y ellos a Jane. Solía tratar a los más viejos y enfermos. La llamaban *Jolly Jane*, la «alegre Jane», siempre feliz, siempre dispuesta a darles medicamentos de más que los acercasen a la muerte. Toppan era capaz de crear un cuadro clínico falso con tal de administrar dosis elevadas de fármacos y comprobar el resultado en el sistema nervioso de los ancianos. Pero aún no se sospechaba de ella.

A. carotis

A. cer. med.

R. commun. post.

A. cer. post.

En 1889 la recomendaron para trabajar en el prestigioso Hospital General de Massachusetts, en Boston, el tercer hospital más antiguo de Estados Unidos. Allí no duró mucho, ya que hubo varias muertes de enfermos a su cuidado y surgieron las primeras dudas sobre su profesionalidad. Volvió al Hospital de

TOPPAN, CHRISTIE Y LOS VENENOS

Varios hilos unen a Jane Toppan con Agatha Christie, ambas contemporáneas. La escritora inglesa también fue enfermera. Aprendió el oficio durante la Primera Guerra Mundial, cuando sirvió en la farmacia de un hospital. Allí manejó fármacos y aprendió aquella máxima de Paracelso, que venía a decir que el veneno estaba en la dosis, no tanto en el producto en sí. Toppan siguió un camino similar y la atropina fue uno de sus venenos favoritos, como el de la creadora de Hércules Poirot. La atropina es un alcaloide extraído de la belladona (*Atropa belladonna*). Linneo la bautizó así en referencia a Átropos, una de las tres Parcas, cortadora del hilo de la vida; lo de *belladonna* deriva del uso que las mujeres italianas le daban apara dilatarse las pupilas, lo cual se decía que aumentaba el atractivo de la mirada.

JUNE 25, 1902
JANE TOPPAN AS SHE APPEARED AT HER TRIAL FOR ONE OF HER 31 MURDERS.

Una ilustración de los periódicos que dieron cuenta del juicio a Jane Toppan.

Toppan y Christie fueron maestras en el uso de otros venenos, como la morfina y la estricnina. La escritora mató unas 300 veces con diferentes sustancias. A su favor corre que eran todos personajes ficticios; Toppan se quedó en menos, pero eran más reales.

Cambridge, donde esta vez salió despedida al comprobarse que administraba opiáceos a voluntad. Ya nadie se creía que aquellas muertes de los ancianos a su cargo fueran meras casualidades. En el mundo de la sanidad, Jane Toppan empezó a hacerse un nombre y no uno prestigioso, precisamente; pero no había pruebas definitivas contra ella.

Una extraña motivación

Para Jane, ese placer insano de jugar hasta el límite con la vida de sus pacientes se había convertido en un objetivo vital. Tiempo después declaró que lograba una emoción sexual con aquellos pacientes que estaban al borde de la muerte (erotofonofilia), cuando los observaba acercarse al fin, «volver a la vida y morir de nuevo». Ella administraba drogas y su droga era decidir sobre la vida de los más indefensos, aquella íntima sensación de poder.

Cuando salió del sistema público, Jane encontró acomodo al ofrecerse como enfermera particular, tanto en anuncios en prensa como por el boca a boca. Y

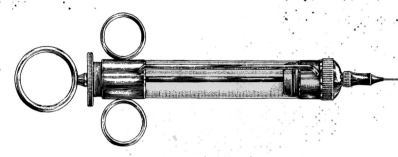

ahí, en la segura intimidad de los hogares, se desenvolvió tan o más letalmente. En varias ocasiones se la relacionó con pequeños hurtos en los hogares; cuando alguien se corrompe hasta el asesinato, el robo es tan solo un aperitivo. Sin embargo, resulta fácil imaginar a los ancianos dispuestos a perdonar todo con tal de tener a su lado a una enfermera cariñosa y alegre como Jane, dispuesta a abrazarlos cuando fuera menester.

Entre 1895 y 1897 fallecieron los Dunham, una pareja de octogenarios a los que cuidaba. En 1899, su casi hermana Elizabeth Toppan murió por una dosis de estricnina. Tiempo después intentó seducir al viudo de Elizabeth y pasó a menudo por su casa. Envenenó y mató a la hermana de aquel hombre, que también cayó enfermo: el plan de Jane era cuidarlo para que se acabase enamorando de ella. Incluso la propia Toppan se envenenó ligeramente –conocía bien el oficio– para granjearse su simpatía y despejar sospechas. Pero el viudo no cayó en la trampa y despidió a aquella mujer, que llevaba la muerte pegada a su sombra. Sin embargo, nadie interpuso una denuncia en firme y Jane siguió consiguiendo clientes y cosechando muertos en su hoja de servicio.

Demasiadas casualidades
El redoble de tambores llegó cuando Toppan se mudó a la casa de la familia Davis. Ya llevaba tiempo cuidando de esta familia de sexagenarios. De hecho, la mudanza se produjo porque la anciana acababa de fallecer (solo Jane sabía

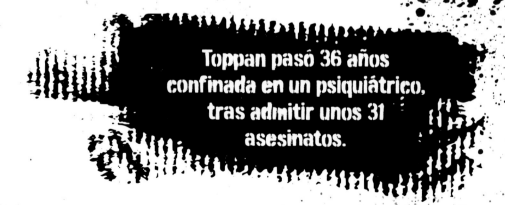

Toppan pasó 36 años confinada en un psiquiátrico, tras admitir unos 31 asesinatos.

Una habitación del Hospital Psiquiátrico de Taunton, en el siglo XIX.

cómo). En tan solo unos días, Jane se encargó de envenenar al marido y a dos hijas del matrimonio. Demasiados muertos en tan poco tiempo, en tan pocos metros cuadrados, despertaron las sospechas del resto de familiares. Encargaron una autopsia sobre el cuerpo de la hija menor, y el informe de toxicología fue concluyente: había sido envenenada.

El 29 de octubre de 1901, Jane Toppan fue detenida con el cargo de asesinato. En el interrogatorio confesó haber matado a 11 personas por envenenamiento. Más tarde, en conversaciones con su abogado, elevó la cifra a 31.

En junio de ese mismo año fue juzgada. Toppan y su abogado jugaron con la ambigüedad de ser declarada como loca o como cuerda; no demasiado loca, en cualquier caso, para guardarse la opción de salir libre algún día. Finalmente, el tribunal del condado de Barnstable la encontró NO CULPABLE al considerar a Jane una demente y la destinó a permanecer confinada de por vida en el Hospital Psiquiátrico de Taunton. Allí permaneció los siguientes 36 años, hasta que falleció con 84. Sus cuidadores la recordaban como «una anciana tranquila», pero los de más edad rememoraban su sonrisa cuando alguna vez les hizo señas para que entrasen a su habitación. «Consigue un poco de morfina, querida», decía, «y salgamos a la sala. Tú y yo nos divertiremos mucho viéndolos morir».

CASO CERRADO

BELLE GUNNESS

DEL HUMANO SE APROVECHA TODO, HASTA LOS ANDARES

Esta asesina emigró de Noruega a Estados Unidos para ganarse la vida y para que muchos otros la perdieran. Su principal objetivo fueron hombres acaudalados a los que mataba por su dinero, pero no se detenía ante nadie, familia incluida.

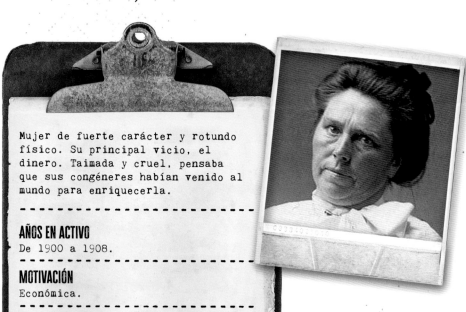

Mujer de fuerte carácter y rotundo físico. Su principal vicio, el dinero. Taimada y cruel, pensaba que sus congéneres habían venido al mundo para enriquecerla.

AÑOS EN ACTIVO
De 1900 a 1908.

MOTIVACIÓN
Económica.

TIPOS DE VÍCTIMAS
Hombres solteros, sobre todo.

NÚMERO DE VÍCTIMAS
14, probablemente más.

ESTATUS DEL CASO
No fue juzgada ni condenada, al no encontrarse ni viva ni muerta. La justicia la declaró muerta.

LA GRANJA DONDE GUNNESS EJECUTÓ LA MAYORÍA DE SUS CRÍMENES ES UN SÍMBOLO DEL HORROR. ALLÍ ATRAÍA A HOMBRES CON DINERO PARA ASESINARLOS. LUEGO LOS CERDOS COLABORABAN A LA HORA DE BORRAR RASTROS.

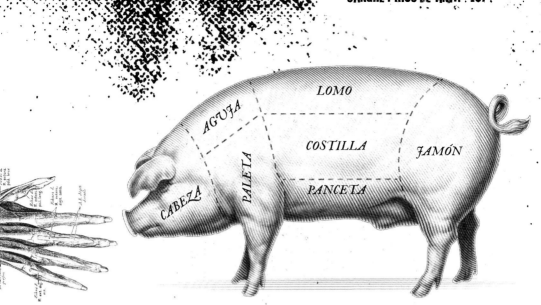

LA CASA DE Belle Gunness arde a escasos metros de donde nos hallamos. El paisaje, si obviamos lo que pronto serán ruinas, resulta envidiable: acres de tierra para regalar, árboles de todo tipo (coníferas, álamos, frutales) y animales de granja. Una propiedad apacible y hermosa en el norte de Indiana, no muy lejos del lago Míchigan, donde vivir en paz con los frutos que da la tierra y con la compra y venta de animales, sobre todo de cerdos... Los cerdos, pobres. Alguno ha muerto presa de las llamas, otros han salido despavoridos y morirán a manos de otros granjeros de la vecindad. Echarán de menos a Belle Gunness. Sus nuevos dueños no les darán carne humana mezclada con el pienso.

Un incidente desgraciado

Belle Gunness dará mucho que hablar, pero primero debemos mencionar a Brynhild Paulsdatter Størseth ciudadana noruega nacida en 1859, en una pequeña villa de pescadores del oeste del país. No es otra que la misma Belle, pero con otro collar. Posiblemente, la joven Brynhild careciera por entonces de cualquier tipo de instinto asesino, o al menos, no estuviera al tanto de ellos. Se conformaba con soñar que emigraba a Estados Unidos, como había hecho su hermana mayor. Para ello trabajaba duro desde niña y se ofrecía a las granjas de los alrededores para pastorear al ganado y ordeñarlo. Con ese dinero, al igual que la lechera del cuento, ahorraría hasta poder comprar su pasaje a Nueva York. A diferencia de la fábula, porque la vida no es como nos la cuentan en los cuentos, lo iba a conseguir.

Antes, no obstante, toca mencionar un hecho que surge con bruma de su pasado europeo. Con 18 años, la joven Brynhild se divertía en una fiesta local. Ella estaba embarazada, no consta de quién. Se sabe que aquella noche un hombre de la zona, conocido por todos y con una estimable fortuna, la atacó con brutalidad. La pateó con saña en la barriga, de tal manera que, como era de prever, perdió al bebé. La combinación de un hombre poderoso y una mujer maltratada con un aborto motivó que la familia de Brynhild pensase que era mejor callar, pero eso fue lo que terminó de convencer a la joven –si no lo estaba ya– de que su futuro pasaba por salir de Noruega como fuera. Las cicatrices del asunto, eso sí, viajarían con ella.

Una nueva vida americana

En 1881, como tantos otros miles de personas, llegó a Nueva York. Ante el tribunal de inmigración, Brynhild cambió su nombre por el de Belle Peterson, que sonaba más a princesa que a valquiria, a Debussy que a Wagner, por mucho que la tozuda realidad lo desaconsejase. Pero un funcionario de aduanas escarba en las maletas, no en los corazones y Belle se encaminó hacia Chicago, donde vivía su hermana Nellie. Allí trabajó como carnicera, descuartizando cadáveres de animales.

A los tres años se casó con Mads Sorenson, otro de los miles de noruegos que habían emigrado al Nuevo Mundo. En Chicago abrieron una confitería, que no prosperó. Pero ellos sí. Un misterioso incendio quemó su local cuando el negocio iba cuesta abajo y cobraron el seguro. Esa cantidad les ayudó a comprar una nueva casa que al poco, también, ardió. Lo que trajo una nueva indemnización y una nueva casa. En ese hogar sucedió pronto otra desgracia, porque con Belle de por medio, nunca llegaban solas ni tarde. Sus dos bebés («¿Y cuándo estuvo embarazada Belle?», declararon los vecinos de la zona) murieron por una inflamación del intestino grueso, con síntomas como náuseas, fiebre, diarrea o dolores abdominales (del todo compatibles con los de un envenenamiento). Los seguros de ambos niños fueron cobrados por su madre. Poco después, en 1900, su marido falleció de una hemorragia cerebral. El primer médico que lo reconoció alegó en su informe que había muerto por estricnina, pero Belle explicó que había llegado a casa con dolor de cabeza y le suministró quinina en polvo para el dolor. La doliente viuda quedó tan absuelta como indemnizada. La casualidad quiso que su marido falleciese justo el mismo día en que su antigua póliza de seguros expiraba y entraba en vigor la nueva.

Panorámica de la granja de Gunness, antes del incendio.

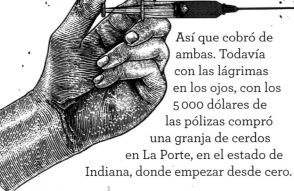

Así que cobró de ambas. Todavía con las lágrimas en los ojos, con los 5 000 dólares de las pólizas compró una granja de cerdos en La Porte, en el estado de Indiana, donde empezar desde cero.

Matar por dinero

¿Desde cero? ¿Por qué empezar desde cero cuando eres bueno en lo tuyo y, más importante, cuando los datos de las aseguradoras no se cruzan entre estados? La respuesta de Belle era que no hay porqué. En abril de 1902 se casó con otro noruego de la zona, un tal Peter Gunness, del cual tomó primero el apellido y luego, lo demás. A las pocas semanas de casarse, y estando Peter fuera de casa, la hija menor de este falleció por causas desconocidas. En diciembre, el hombre

Belle y tres de sus hijas, en una imagen sin datar.

falleció en un desdichado accidente doméstico. A medianoche tuvo el capricho de revisar una instalación de la granja de cerdos, cuando una picadora de carne le cayó encima de su cabeza, con dos efectos: a él lo mató, a Gunness le reportó 3 000 dólares del seguro. Un juez solicitó una investigación, ya que albergaba sospechas y la hija mayor de Gunness había dicho a un compañero que Belle había matado a su madre. Jennie no lo refrendó en el juicio y salió absuelta. Además, estaba embarazada de Peter. Durante los años siguientes, mandó a la joven a un internado luterano en Los Ángeles, California. En realidad estaba mucho más cerca. Esperemos un poco.

En la comunidad de La Porte apoyaron a Belle ante tanta desgracia; en ella veían a una mujer responsable y trabajadora que quería salir del hoyo y sacar adelante a lo que quedaba de su familia. Gunness se puso manos a la obra y a partir de 1905 comenzó a publicar en los periódicos anuncios como este:

> Viuda encantadora que posee una gran finca en uno de los mejores distritos del condado de La Porte, Indiana, desea conocer a un caballero igualmente bien provisto, con vistas a unir fortunas. No se aceptan respuestas por carta a menos que el remitente esté dispuesto a seguir la respuesta con una visita personal.

Hoy se utilizan otro tipo de medios igual de claros y efectivos para encontrar pareja. El de Belle también funcionó, al menos para atraer a pretendientes adinerados que venían de lejos. Empezó a mantener correspondencia con algunos de ellos, que acababan por visitar la granja de La Porte; y, contra su voluntad, no llegaban a salir de ella. Se supone que el *modus operandi* de Gunness era el siguiente: una vez instalados sus pretendientes en la casa con sus pertenencias –hay que recordar que vendrían de lejos y con el requisito de traer dinero–, les ofrecía una deliciosa cena noruega –era una buena cocinera–, aderezada con algún condimento de la cocina internacional, como la estricnina. Los comensales morían envenenados o, si mediasen problemas, con el cráneo aplastado.

Ese sistema de atraer hombres acaudalados a sus redes le valió –llegado el momento– el sobrenombre de Viuda Negra o de Señora Barbazul. Un número indeterminado de varones visitó la granja de 1905 a 1908. Más tarde, los vecinos declararon haber visto a Belle cargando con grandes baúles de madera y enormes sacos, y también cavando hoyos profundos por todo su terreno. Cuando los familiares de los desaparecidos –aquellos que habían llegado a saber que marcharon a entrevistarse con ella– la contactaban para pedir noticias, ella contestaba que habían proseguido su viaje, o bien que no había llegado a verlos. El plan parecía salir bien.

Pero siempre aparece algún idiota que lo estropea todo, podría decirnos ahora Gunness. En este caso fueron dos. El principal, uno de los empleados de la finca, llamado Ray Lamphere, con quien Belle podría haber mantenido un romance pasajero y que estaba obsesionado con ella y celoso por el incesable flujo de hombres que acudía al hogar, hasta tal punto que ella llegó a denunciarlo ante la policía.

Desenlace en llamas

Y llegamos a la infame mañana del 28 de abril de 1908, cuando la casa de Gunness arde. Hasta aquí nos llega el molesto olor a quemado de la madera pintada. Lamphere –parece– ha cumplido sus amenazas y ha prendido fuego a la casa. Cuando los bomberos llegan, encuentran a una mujer decapitada y a tres niños. ¿Belle y sus tres hijos? ¿Y por qué está decapitada? ¿Y por qué se hallan restos de estricnina en el cuerpo de esa mujer, que, por otro lado, no casa con el de Gunness? ¿Y por qué encuentran días después una dentadura postiza de la noruega entre los rescoldos? El otro *idiota* del caso es el hermano de uno de los desaparecidos, empeñado en encontrar

Restos de los cuerpos encontrados en la granja.

¿QUÉ FUE DE BELLE GUNNESS?

Belle Gunness fue declarada muerta, a pesar de que el médico que realizó la autopsia aseguró que el cuerpo sin cabeza era 10 centímetros más bajo y unos 25 kilos más ligero que el de Gunness. No se aportó explicación alguna sobre lo que sucedió con la cabeza. Aún se ignora si Gunness murió en el incendio o escapó. Después de que los crímenes de Gunness salieron a la luz, la granja de Gunness se convirtió en una atracción turística. Llegaron curiosos de todo el país para ver las fosas comunes y se vendieron recuerdos del suceso. Durante dos décadas se siguió alertando a las autoridades de posibles avistamientos. Hay quien dice que, en 1931, una mujer murió en la cárcel tras haber envenenado a su marido. Los que vieron ese cuerpo y la conocían dijeron que era el de Belle Gunness.

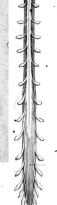

su paradero. Mueve cielo y tierra –sobre todo, tierra– para saber de él y consigue una orden para entrar en los restos de la granja. Allí excavan y hallan sacos y más sacos que envuelven carne humana que gotea como gelatina; cuerpos decapitados, brazos cortados por los hombros y piernas segadas a la altura de las rodillas. Y los restos de Jennie, la hija de Peter Gunness.

Lamphere, acusado de pirómano, relata que la mujer que allí está fue asesinada por él y por Gunness para fingir su muerte y huir. Meses después, en una supuesta declaración a un periódico, declara que fue él quien mató a Gunness y sus hijos, y que la había ayudado en todos sus crímenes. La ley decide que Belle murió en el incendio, por lo cual no puede ser juzgada. Lo único de lo que podemos fiarnos es de todos esos huesos, muchos de los cuales aparecen esparcidos por las pocilgas de los cerdos. Se ven al menos 11 cadáveres. Después, la policía deja de contarlos.

caso CERRADO

HENRI LANDRU
O CÓMO ASESINAR A CORAZONES SOLITARIOS

Las víctimas de una guerra no solo están en el frente. En la retaguardia, muchos quedan indefensos ante la maldad de los que aprovechan que le ley está en otros frentes. Es lo que hizo Landru, un hombre cuya ambición estaba a la altura de su falta de moral.

Prepotente, orgulloso y mujeriego. Sentía una fuerte confianza en sí mismo que le permitió engañar a muchísimas personas. No estaba loco, solo cegado por el dinero.

AÑOS EN ACTIVO
De 1915 a 1919.

MOTIVACIÓN
Económica.

TIPOS DE VÍCTIMAS
Viudas.

NÚMERO DE VÍCTIMAS
11, puede que más.

ESTATUS DEL CASO
Juzgado y condenado a muerte por guillotina.

UNA DE LAS PEORES VIRTUDES DEL SER HUMANO QUEDA ENCARNADA EN ESTE CRIMINAL: GANARSE LA CONFIANZA DE LOS INOCENTES QUE BUSCAN UNA VIDA MEJOR. LA TRAICIÓN, SÍ, PERO LA MÁS VIL Y SANGUINARIA.

Composición con el auténtico horno de Landru en primer plano.

Viudo con dos hijos, 43 años de edad, buenos ingresos, afectuoso, serio, buen círculo social, desea conocer viuda con vistas a contraer matrimonio.

Así se presentaba en los periódicos Henri Désiré Landru. No con ese nombre, claro, que podría ser estafador, asesino y amoral, pero no estúpido. Cerca de 300 mujeres respondieron a sus repetidos anuncios, en su mayoría viudas que la Primera Guerra Mundial parecía haber preparado para él. A algunas las mató y las calcinó en su horno, a las más afortunadas tan solo las esquilmó. Los hay que saben sacar provecho de las desgracias ajenas y luego viene Landru, otro Barba Azul, otro Viudo Negro, un condominio del sindicato del crimen en el que ocupa un lugar preeminente.

Un hombre sin frenos

Tuvo un punto original en su infancia, al menos desde la perspectiva de este libro. No se conoce que en esa niñez pasase por malos tratos que «justificasen» su futuro comportamiento. Nació en 1869 en París en una familia obrera, devota y que no daba para grandes ni pequeños titulares. Vaya, que lo suyo fue pura iniquidad, el mal por el mal. Su segundo nombre (Désiré, «deseado» en nuestro idioma) lo recibió porque sus padres anhelaban tener un hijo varón, tras haber concebido a una niña. Veremos que tenía una alta concepción de sí mismo, enexceso y mal entendida: parece que fue un joven demasiado mimado... Como tantos otros, podemos argüir. No, Henri Landru era responsable de su querencia por los senderos cortos del crimen.

Conoció a su futura mujer –Marie-Catherine, prima suya– al salir de misa. Al poco tuvieron un hijo y, cuando quedó embarazada del siguiente, se casaron. Con el tiempo llegaron otros dos. De joven fungió de subdiácono y atendió a un curso de ingeniería mecánica. De hecho, años más tarde diseñó una motocicleta de la que estaba muy orgulloso, «La Landru». Pero en 1898 Landru ya era Landru, y la utilizó como excusa para conseguir dinero de inversores potenciales que le financiasen una fábrica. Cuando le llegó el dinero, desapareció. Durante esa década de 1890 pasó por varios tipos de trabajos: contable, vendedor de muebles, ayudante de un fabricante de juguetes e incluso abrió su propio despacho de arquitectura. Pero lo que quería era ser muy rico y –como tantos de nosotros– pronto se dio cuenta de que a base de trabajo difícilmente se consigue. O tienes mucha suerte o mucho talento: y ya se había dado cuenta de que poseía uno, y grande, para el engaño. O, al menos, el primer requisito indispensable: la desvergüenza.

Con el cambio de siglo, Landru empezó a difuminar las fronteras entre comerciante y traficante, y entre traficante y estafador. A los 31 años fue detenido por primera vez y condenado a tres años de prisión por fraude. Durante la década de 1900 pasó hasta siete veces por prisión. En uno de esos periodos –llegó a pasar tres años seguidos en el mayor de ellos– intentó suicidarse. O no, porque a todas luces pareció una artimaña para que lo considerasen loco o le rebajasen la pena. Quien sí se suicidó de veras fue su padre, al que le afectó mucho la amoralidad del hijo que había criado y los escándalos que tenía que soportar. Se ahorcó en el Bois de Boulogne.

Mujeres, guerra y dinero

Quizá fue en la cárcel donde rumió lo que iba a ser su futuro plan de vida: vivir de las mujeres a través del engaño. En 1909, al poco de salir de una de sus estancias en la cárcel, publicó en prensa un anuncio en el que se presentaba como viudo en busca de esposa. Trabó amistad con una viuda de 40 años, quien le entregó una dote de 15 000 francos. Aquella señora se quedó igual de viuda y sin dinero, al menos hasta que detuvieron a Landru, enviado otros tres años a la cárcel. Cuando salió, volvió rápido a las andadas, antes de la Gran Guerra que se venía en ciernes. Como las pruebas eran palmarias, la

Henri Landru (en el centro) durante el juicio.

justicia francesa lo juzgó en rebeldía: se dio cuenta de que tenía un criminal impenitente y lo sentenció a cuatro años de trabajos forzados y después a un exilio de por vida en la isla francesa de Nueva Caledonia, en el Pacífico.

Landru –qué podríamos esperar de él– no se presentó: eso de trabajar gratis no era para él. Para hacerse rico sin dar un palo al agua necesitaba abundar en su talento amoral. A partir de 1914 se consagró a ello. Cambió de identidad (lo haría en varias ocasiones); se convirtió en *monsieur* Raymond Diard. Sedujo a quien fue su primera víctima *física* confirmada, una viuda que llegó a vivir con él, que descubrió de quién se trataba realmente –su nombre, su condena al exilio–, que supo que se veía con otras mujeres… pero que no llegó a romper con él: ¿qué secretos encantos guardaba ese hombre? Querida, no es lo que parece, esa mujer es mi esposa pero ya no la quiero, me voy a divorciar, lo de la justicia es un error, el futuro es nuestro… Volvieron a vivir juntos en un pueblo al norte de París. Aquella mujer tenía un hijo adolescente que ardía en deseos de ser llamado a filas para luchar en la Gran Guerra. Lo convocaron en 1915. Nunca se presentó y no se volvió a saber de él ni de su madre. En primavera, un carnicero vecino del lugar observó que de la chimenea de la casa salía un denso humo negro y reconoció el olor de la carne quemada. Un policía pasó por la finca para dar cuenta de las quejas vecinales. Landru, ofendido, dijo que estaba quemando basura.

De 1915 a 1919, fecha de su postrera detención, se estima que Landru repitió ese *modus operandi* en otras nueve ocasiones, al menos. El esquema típico era el del anuncio de corazón solitario, en el que Landru tomaba otro nombre y otra personalidad: bien un rico industrial que se marchaba a Túnez, un diplomático que buscaba esposa para sus recepciones en Australia... Aunque también tuvo relaciones con prostitutas que nunca aparecieron y, en ocasiones, con viudas sin recursos económicos. Aquí entra otra cuestión fundamental: además de un avaro, Landru era un desenfrenado amante. Si no le proporcionaban dinero, bienvenido fuera el sexo.

Las bravatas de Landru hicieron reír, pero no le sirvieron para ganar al jurado.

¿Qué tenía de especial aquel hombre más bien bajito, eminentemente calvo, más bien feo, de mirada rasputiniana? De primeras no resultaba atractivo, antes al contrario. Sin embargo, su verbo fluido, una sorprendente confianza en sí mismo y su desfachatez a la hora de atacar las debilidades del prójimo –la soledad, la necesidad de compañía– compensaron de sobra su falta de hechuras.

Un juicio mediático

Como era de prever, esa sucesión de flirteos con final triste acabaron por delatarlo. Una casualidad reveló su paradero a la amiga de una de las desaparecidas, que dio parte a la policía. Lo arrestaron el 12 de abril de 1919 (cuando cumplía 50 años) junto con su amante de entonces, una joven llamada Fernande Segret.

Landru lo negó todo y, desde entonces hasta su muerte, persistió en esa actitud. De hecho, durante el abarrotado juicio en Versalles–convertido en el *juicio del*

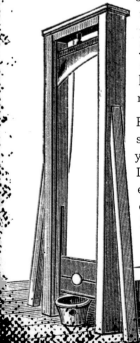

siglo– hizo gala de una mezcla de bravuconería y galantería, y hasta de un humor negro que enervó y encandiló, a partes iguales, al público parisino. Anécdotas las hubo a mares, como aquel día en que una joven no encontraba acomodo entre el los asistentes y Landru se hizo oír: «Si la señora desea sentarse en mi asiento...». Esas fanfarronadas le ganaron adeptos al principio, pero con el paso del tiempo y del relato de sus crímenes, acabaron por conferirle la antipatía del jurado.

Fue un proceso complicado, ya que, como tal, no había cadáveres. Tan solo un amasijo de pequeños huesos y dientes ocultos por el jardín y una libreta en la que figuraban los nombres de la desaparecidas. La fiscalía creía firmemente que, aparte de aquellas 10 mujeres –y el hijo de la primera– habría más (de hecho, décadas después se descubrieron nuevos cuerpos en la reforma de la casa y alrededores). En la casa de Landru se encontró un libro sobre envenenadores y envenenamientos, lo que llevó a pensar que las drogaba antes de estrangularlas. La defensa se fajó con fiereza e intentó sacar partido a la falta de restos humanos. El goteo de

POSDATA

Una anécdota -un tanto apócrifa- acompañó al caso de Landru, 46 años después de su muerte. Hablamos de «la auténtica confesión de Landru», como la llamaron los periódicos donde fue publicada.

La hija del abogado de Landru conservaba una ilustración del criminal enmarcado, en el había dibujado la cocina de su casa. Cuando le quitó el marco para limpiarlo descubrió un mensaje cuya traducción varía según el periódico en que apareció. Para el *Daily Express* era «Lo hice. Quemé los cuerpos en el horno de mi cocina», y para el *News of the World* era «Los testigos del juicio son idiotas. Maté a las mujeres dentro de la casa». ¿Confesión al borde de la muerte o cita apócrifa?

Aún hubo una segunda posdata, una muerte en diferido. La novelista Françoise Sagan escribió el guion de la película *Landru* (Claude Chabrol, 1963). Curiosamente, Fernande Segret, la pareja de Landru cuando fue arrestado, apareció de la nada y demandó a la productora exigiendo una cuantiosa indemnización por la imagen que la película trasladaba de su persona. Y la consiguió, pero el foco de los medios la puso de nuevo en el disparadero público. Segret no lo pudo soportar y se arrojó al foso del castillo de Flers-de-l'One y se ahogó. Había dejado esta nota: «Sigo amándole, pero sufro demasiado. Voy a suicidarme».

Charles Chaplin dirigió en 1947 *Monsieur Verdoux*, película basada en la vida criminal de Landru.

pruebas en el resto de ámbitos, no obstante, era tal –la compra del horno, las pertenencias de las desaparecidas, los ingresos en cuenta– que el jurado no dudó en considerarlo culpable, el 30 de noviembre de 1921, aunque solicitaron que no se le ejecutase, como si en el fondo aquel cómico aspirante a galán les hubiese ganado un poco su simpatía, como si todos fuesen un poco sus viudas.

caso CERRADO

Sin embargo, el reo fue ajusticiado el 22 de febrero de 1922, no sin antes dar un último servicio, si no a la comunidad, sí a la ciencia. Su médico quería saber cuánto tiempo tardaría en perder el conocimiento; pactaron una señal. Cuando la guillotina cayó por su propio peso y el de la ley, Landru parpadeó tres o cuatro veces después de que su cabeza entrase en la canasta.

FRITZ HAARMANN

EL CRIMINAL QUE TRAUMATIZÓ A ALEMANIA

Tras la Primera Guerra Mundial, Alemania intentaba rehacerse. Pero los crímenes sádicos y continuados de Haarmann sacudieron al país en un juicio mediático e histórico, que escandalizó a Europa y sirvió de excusa para estigmatizar , aún más, a los homosexuales.

Hombre algo torpe, poco comunicativo y con tendencias vengativas. Homosexual en un país donde era ilegal. Mataba por impulso y sin remordimientos.

AÑOS EN ACTIVO
De 1918 a 1924.

MOTIVACIÓN
Sexual.

TIPOS DE VÍCTIMAS
Varones adolescentes.

NÚMERO DE VÍCTIMAS
24, probablemente más.

ESTATUS DEL CASO
Juzgado y condenado a muerte por guillotina. Se conservó su cráneo para estudiarlo.

AL CARNICERO DE HANNOVER NO LE GUSTABA DESPEDAZAR A SUS VÍCTIMAS, PERO LO HACÍA PARA DESHACERSE DE ELLAS Y PODER SEGUIR MATANDO. LA SATISFACCIÓN DE SUS NECESIDADES SEXUALES ERA MÁS FUERTE.

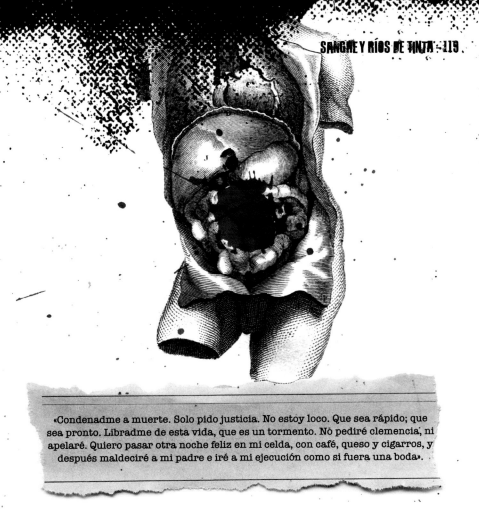

«Condenadme a muerte. Solo pido justicia. No estoy loco. Que sea rápido; que sea pronto. Libradme de esta vida, que es un tormento. No pediré clemencia, ni apelaré. Quiero pasar otra noche feliz en mi celda, con café, queso y cigarros, y después maldeciré a mi padre e iré a mi ejecución como si fuera una boda».

Así SE DESPEDÍA Fritz Haarmann del tribunal que lo juzgó en 1924 en su Hannover natal. Fue el suyo un juicio mediático que conmocionó aquella Alemania de entreguerras de la República de Weimar y cuyos ecos se expandieron por toda Europa. Su caso suscitó un intenso debate sobre cómo tratar con los delincuentes con enfermedades mentales y sobre los métodos policiales. Pero, sobre todo, generó una ola de odio e incomprensión hacia los homosexuales, que tardó décadas en difuminarse.

Una infancia cruel

Friedrich Heinrich Karl Haarmann nació en 1879 en una familia en la que el odio sustituía al amor como sentimiento de cabecera. Fue el menor de seis hermanos y todos sufrieron los embates de un padre abusador, pendenciero, rey de las tabernas más sucias y acosador de mujeres. Sin embargo, el que se llevó la palma fue el pequeño Fritz, culpable a ojos de su padre de uno de los mayores crímenes que ese tipo de personajes acomplejados puede soportar: ser un afeminado. En las polvorientas calles de ese Hannover de finales del siglo XIX, Fritz no jugaba al por entonces incipiente fútbol, ni socializaba con los chicos del barrio. Prefería jugar con sus hermanas y sus muñecas y vestirse con sus ropas. A su madre no le importaba y le prodigaba su cariño: fue quizá la única persona a quien Frtiz profesó su amor, aunque de una manera fantasiosa e insana. Razón de más para que el padre aumentase su odio hacia él, en forma de desprecios, golpes y abusos que, cuando el niño se hizo adolescente, no dudó en devolver.

«Mimado, callado, obediente, y soñador», así lo definieron en su escuela primaria. Pero su nivel intelectual era bajo, no pudo seguir sus estudios y se alistó al ejército. Allí destacó por sus aptitudes físicas, pero pronto acabó en la enfermería por sus «perturbaciones mentales»: parece que sufría alucinaciones, ataques de terror y de amnesia, cercanos a la epilepsia. Salió pronto del ejército, sin oficio ni estudios, y volvió a su casa, que bien distaba de ser un hogar.

En esa época de la adolescencia tardía descubre y prueba su homosexualidad. Y la ejerce con niños a los que lleva a rincones oscuros. En julio de 1896 lo arrestan por primera vez por realizar abusos contra menores y las autoridades deciden internarlo en una institución mental. Fue la primera de vez de las muchas que siguieron, sin que nadie pudiese ofrecer un trastorno claro ni una solución para alguien que tanto sufría, y al que tanto le quedaba por hacer sufrir. En esa ocasión escapó del psiquiátrico y se refugió en Suiza, donde empezó una relación con una mujer: se prometieron y ella quedó embarazada. Sin embargo, Fritz regresó a Alemania en 1900 para cumplir su servicio militar y la joven abortó.

Una redención imposible

En el Batallón de Fusileros Número 10, Haarman ganó prestigio como tirador. Fue para él un periodo feliz pero, al igual que en su primera época en el ejército, lo licenciaron por sus problemas mentales. Declarado inútil, recibió una pensión. Esos primeros años del siglo se pasaron entre peleas –físicas y legales– con su padre y un intento de reconciliación con su prometida. Abrieron una pescadería –con el dinero del padre de Fritz–, pero la relación volvió a quebrarse, pese a esperar ella un hijo.

A partir de 1905 esperaba un descenso aún mayor a los infiernos, si cabe. Acumuló varios delitos de hurto, malversación de fondos y agresión, que lo

La Estación Central de Hannover, hacia 1900.

Un momento del juicio contra Haarmann.

LAS DIFICULTADES DE LA ALEMANIA DE WEIMAR

Todo lo que relatamos se encuadra dentro de la República de Weimar, un periodo histórico que toma su denominación de la ciudad alemana de Weimar, donde se proclamó una nueva constitución para el país que acababa de derrumbarse tras la Gran Guerra. Fue una época en la que aquellos que regresaron del frente a casa a ensayar una normalidad; pero ellos ya no eran los mismos, habían visto y sufrido demasiada barbarie. La falta de mano de obra provocaba que muchos hombres jóvenes quedasen libres de la cárcel para ayudar en tareas manuales (Haarmann fue un caso). Asimismo, la policía contaba con pocos efectivos. Todo aquello se combinó y dio como resultado una época con varios casos de asesinatos horrendos.

llevaron en repetidas ocasiones a la cárcel, de la que salía rápido por ser de poca monta. Sin embargo, en 1913 lo detuvieron por un robo a gran escala y fue condenado a cinco años de prisión, que cumplió en su totalidad. Si echamos cuentas, eso le permitió librarse de la Primera Guerra Mundial. Hubiera sido una magnífica oportunidad para morir honrosamente, visto con perspectiva.

Al acabar la guerra, para Haarmann se abrió un periodo –como a toda la población– de mera supervivencia. Regresó a Hannover y, alrededor de la Estación Central de ferrocarriles organizó su existencia, que inevitablemente se basó en el contrabando y el crimen. Curiosamente, la policía, al tenerlo fichado, contactó con él para que ejerciese de informante, a lo que Fritz se prestó con doble éxito. Por un lado, le proporcionó cierta «estabilidad» económica, ya que así se podía beneficiar del contrabando; pese a que entraba de cuando en cuando en la cárcel, era solo para disimular ante las bandas criminales con las que trapicheaba. Por otro, se le proporcionaba, indirectamente, la coartada perfecta para su nueva faceta criminal.

El método del asesino

Haarmann paseaba hasta altas horas de la noche por los andenes de la estación. Allí encontraba una amplia representación de la juventud más desesperada de un país destruido por la guerra. Jóvenes que llegaban del campo a intentar ganarse la vida en una ciudad que poco tenía que ofrecer, pero a la que llegaban huérfanos y sin blanca. Su desesperación funcionaba como la más perfecta compañera para la depravación de Fritz.

Su *modus operandi* se puede resumir así: Haarmann buscaba en la estación a las víctimas más propicias, siempre varones, entre los 10 y los 22 años. Se hacía pasar por un oficial de la autoridad y los amenazaba con llevarles a comisaría para su identificación. Después de hacer de *poli malo*, Frtiz representaba el papel opuesto y se mostraba clemente y magnánimo. Les perdonaba, se lo pensaba mejor y se apiadaba de ellos. Se ofrecía a encontrarles trabajo y alojamiento, y qué mejor que empezar predicando: los llevaba hasta su domicilio, con la complicidad de la noche.

El primero del que se tiene constancia fue un joven de 17 años que había escapado de casa, llamado Friedel Rothe. Desapareció el 25 de septiembre de 1918, un par de semanas antes del fin de la guerra. Denunciaron su desaparición y, como los habían visto juntos, la policía irrumpió en su apartamento. Fritz estaba con un niño de 13 años semidesnudo. No hallaron rastro de Friedel. Les faltó mirar tras la estufa: allí se escondía su cabeza, según confesó más tarde en el juicio que lo condenó a muerte.

El delito de Haarmann fue sancionado con nueve meses de cárcel. Cumplió su pena durante 1920. Antes le dio tiempo para conocer a Hans Grans, un joven de 18 años que se convirtió en su amante, en su cómplice y en su obsesión. Él lo esperaba cuando salió de prisión y se fueron a vivir juntos, en una relación de amor y odio destructiva.

A partir de 1923, la pulsión criminal y sádica de Haarmann se desató. Ya sabemos cómo los atraía hasta su hogar. Una vez allí, los drogaba para reducir su resistencia y ejecutaba sobre ellos todo tipo de vejaciones sexuales, presa de una «pasión incontenible». Les mordisqueaba el cuello hasta que afluía la sangre. Su «toque final», del que estaba más orgulloso, llegaba cuando con sus dientes les arrancaba la nuez de Adán, su «mordisco del amor». Buena parte de estos crímenes los ejecutaba en presencia de Grans.

Las víctimas de Haarmann se enterraron en una fosa común.

Desenlace grotesco

Tras la orgía de sexo y sangre, y como todo criminal que quiera continuar sus fechorías, llegaba el momento de deshacerse del cadáver. Fritz afirmó que le «horrorizaba cortar y cortar», pero hacía de tripas corazón y siempre salía adelante. Se servía una taza de café negro antes de empezar a desmembrar. Vaciaba el cuerpo de vísceras, las cortaba y las metía en un balde. Separaba las articulaciones, les quitaba la carne y trituraba los huesos. Ponía especial énfasis en destrozar los cráneos. El resultante acababa en un saco que arrojaba al río Leine, que atraviesa Hannover. Se llegó a especular si la carne con la que traficaba, en principio de contrabando, la mezcló con la de los jóvenes.

Tanta acumulación de huesos en la ribera del Leine llamó la atención de los chiquillos que jugaban por la zona. Se denunciaron sucesivos hallazgos, que la policía dejó pasar. Sin embargo, la fama de Hannover como ciudad en la que desaparecían jóvenes convenció a las autoridades para dragar el río. Encontraron los restos de al menos 22 cuerpos de adolescentes. Fue fácil atar cabos y señalar a Fritz, a quien vigilaron. En pocos días lo pillaron *in fraganti*. Al principio del juicio intentó justificar la presencia de sangre en su casa por el trasiego de carne de contrabando. Pero el goteo de pruebas acabó por hacerlo confesar.

Fue acusado de 27 crímenes, aunque solo se le condenó por 24, pese a que admitió haber matado a entre 50 y 70 jóvenes. Hans Grans también fue enviado a la guillotina (aunque acabó librándose). Durante el proceso salieron a la luz datos espeluznantes que conmocionaron a aquel país que quería salir de la miseria de perder una guerra. El horror de los crímenes estigmatizó aún más —era ilegal y causa de presidio— a los homosexuales. La cabeza y el cuello de Haarmann —el carnicero, el vampiro, el hombre lobo de Hannover—, se separaron el 15 de abril de 1925. Su cabeza se conservó en formol para su estudio y permaneció en posesión de la Facultad de Medicina de Gotinga desde 1925 hasta 2014, cuando fue incinerada. No se sacó nada en claro.

caso CERRADO

PETER KURTEN

UN VAMPIRO ANDA SUELTO EN DÜSSELDORF

Sangre, sangre, sangre. Nuestro elixir rojo como objeto sexual: ese era el objetivo de este pervertido violador de la Alemania de entreguerras, además de vengarse de una sociedad a la que odiaba por haberlo encarcelado media vida. Nunca debió de haber salido.

Psicópata y narcisista. Su infancia dura le alejó de cualquier empatía por el prójimo. Además de pervertido sexual, también era un consumado pirómano.

AÑOS EN ACTIVO
De 1913 a 1929.

MOTIVACIÓN
Sexual.

TIPOS DE VÍCTIMAS
Cualquiera, pero especialmente mujeres jóvenes.

NÚMERO DE VÍCTIMAS
Nueve, probablemente más.

ESTATUS DEL CASO
Juzgado y condenado a muerte por guillotina. Se conservó su cráneo para estudiarlo.

PODRÍA HABER SIDO UN DELINCUENTE MÁS, PERO SE CONVIRTIÓ EN UN MANÍACO ASESINO POR SU DESENFRENO SEXUAL, EMPUJADO POR LA INFANCIA MÁS INFAME QUE SE PUEDA IMAGINAR. MATABA POR PURO PLACER.

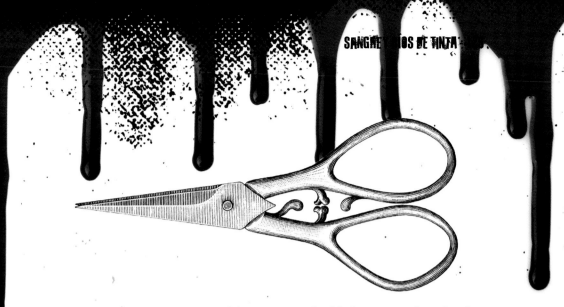

Su mirada nos transmite más indiferencia que frialdad. Su corte de pelo, el traje, la forma de su cabeza, incluso el toque ligeramente maligno de la punta de sus orejas son del todo compatibles con los recuerdos que tenemos de aquellos funcionarios del Tercer Reich que ordenaron la muerte de millones de personas con firmas expeditivas y bien trazadas. Hay en él algo de aquella banalidad del mal de la que nos habló la filósofa Hannah Arendt tras el juicio al nazi Adolf Eichmann. Pero nada más lejos. Peter Kürten no hacía las cosas a distancia o por persona interpuesta. Por desgracia, no necesitaba vicarios.

«No tengo remordimientos. En cuanto a si mis acciones me avergüenzan, le diré que recordando todos los detalles, no lo encuentro desagradable. La verdad es que disfruté».

Kürten dejó decenas de declaraciones escalofriantes como esta al doctor Karl Berg, eminente médico forense de la época, antes de ser enjuiciado en abril de 1931. En sus entrevistas con Berg, Kürten dejó claro que lo que le llevaba a cometer esos crímenes era su propia satisfacción sexual. Aunque en ocasiones penetró a sus víctimas, lograba sus orgasmos con la violencia, en especial con el brotar de la sangre, con su olor, su sonido al caer o su sabor. Por eso, en ocasiones, no terminaba con la vida de algunas de ellas, porque le bastaba con eyacular al ver fluir la sangre y las abandonaba. Sin embargo, confesó, no era solo el sexo lo que le guiaba. Habitaba en él también un sentimiento de venganza contra la sociedad que lo había encarcelado tanto tiempo, y contra la infancia repleta de abusos que un padre maltratador le había proporcionado.

Otra infancia desgraciada

Porque en la biografía de Kürten no faltan los esperables detalles de una niñez sórdida. Nació en 1883 en Mülheim, tercero de 11 hermanos en una familia de padres alcohólicos, que vivían apiñados en un apartamento de una sola habitación. Al padre no le hacía falta estar borracho para abusar de todos ellos, pero si había bebido era aún peor. En varias ocasiones desnudó a su esposa frente a sus hijos y la violó ante sus ojos. Con sus hijas no se comportaba de manera diferente y en 1894 la mujer consiguió el divorcio y se mudó a Düsseldorf con Peter y compañía.

Antes, al pequeño Peter le dio tiempo a acumular en pocos años una serie de funestas experiencias que, si las diluyéramos, envenenarían la infancia de millones de niños. Con unos cinco años, acompañaba a un cazador de perros, de quien aprendió a torturar y matar animales, a despedazarlos con un cuchillo como si fuera un juego. También se escapó varias veces de ese asfixiante hogar, y malvivía en las calles de Müheim con otros pobres diablos como él y con jóvenes delincuentes con los que aprendió demasiado pronto lo que podía deparar la vida. Asimismo, estuvo involucrado en la muerte por ahogamiento de dos niños cuando él apenas contaba 11 años. Se determinó que fue un accidente. En su juicio, décadas después, se atribuyó el hecho con el narcisismo que le caracterizaba.

Como nos imaginamos, el Peter adolescente ya solo podía ir a peor. Intentó consumar su incipiente deseo sexual con una novia de su edad (13 años) y al negarse ella se aplacó con cerdos, ovejas y cabras. Y descubrió que si los apuñalaba en el acto, su placer se multiplicaba. Así pasó unos años, en estrecho contacto con los animales. Los quería como iba a querer a las personas.

Con 16 años pisó la cárcel por primera vez, por un robo. Fueron tan solo dos meses, pero en los siguientes años la visitaría en múltiples ocasiones. Al salir, entabló relaciones con una prostituta mucho mayor que él. Esta mujer le permitió y le alentó a hacer con ella diversos tipos de vejaciones sexuales.

En 1904 brotó en Kürten otra de sus patologías: la de pirómano. Prendía fuego a pajares y graneros; solo el crepitar de las llamas le otorgaba gran placer, pero le deleitaba escuchar las sirenas de los bomberos y contemplar a escondidas el rostro aterrado de quienes salían de sus humeantes hogares. Confiaba en ver salir a alguien ardiendo. También por esto acabó siendo apresado y solo le sacó de la cárcel el cumplimiento del servicio militar. Pero también de aquí se escapó. De nuevo apresado, fue condenado por deserción. Pasó siete años en la cárcel, hasta 1913. Al salir, volvió a delinquir. En unos meses cometió una serie de asaltos sexuales; en uno de ellos mató sádicamente a una niña de nueve años. Pero eso lo confesó mucho más tarde. Un nuevo robo lo

Cartel alemán y dos fotogramas de la película *M*.

EL VAMPIRO. . . ¿EN EL CINE ?

Muchos relacionarán el apelativo de «el vampiro de Düsseldorf» con el cine. El séptimo arte se ha acercado en varias ocasiones a la figura de este asesino; la mejor, la inmortal obra de arte que dirigió en 1931 el alemán Fritz Lang: *M* (de *Mörder*, «asesino» en alemán). ¿Qué tiene de Peter Kürten esta película? Parte, pero no todo. En la Alemania de aquella década hubo varios asesinos en serie, como Haarmann, Karl Denke y Carl Grossmann, y Lang tomó de cada uno de ellos lo que le interesó. *M* se estrenó tres semanas después de la sentencia de muerte a Kürten. En varios países se apostilló su título original con *El vampiro de Düsseldorf*, posiblemente por aprovechar la publicidad del caso. En la película no se explicita ciudad alguna, aunque por los mapas y otros detalles que aparecen sabemos que es Berlín. El detective que va tras el asesino sí que se inspira directamente en el inspector Ernst Gennat, quien investigó en los casos de Haarmann y Kürten.

condujo al presidio otros ocho años. Se perdió toda la Primera Guerra Mundial, para su suerte y la desgracia de sus paisanos. Cuando salió, en 1921, había pasado casi media vida en la cárcel, rumiando su odio hacia todo y hacia todos.

Un pervertido anda suelto

Consiguió la pequeña hazaña de casarse en 1923. Estaba orgulloso de haber captado la atención de Augusta, una mujer algo mayor que él, con pasado carcelario, ya que había matado a su primer marido. Ella también encontró en él su posibilidad de redención. Sabía que Peter no era un santo, y que se necesitaban. Pero Peter no halló en Augusta liberación alguna, tan solo –y no era poco– una apariencia de cierta normalidad, una vida dignamente mediocre bajo cuyo amparo disolver posibles sospechas de un instinto criminal que estaba a punto de explotar. En la cárcel había llegado al orgasmo tan solo con imaginarse como asesino de masas. Ahora estaba libre y había vuelto a Düsseldorf. No había que perder el tiempo.

Vestía trajes elegantes pero algo desgastados, lo que le daba su sueldo de operario de la construcción. Pasaba por hombre respetable y de suaves maneras, como si tantos años de maldades solo lo hubieran corroído por dentro y no por fuera, como un Dorian Gray sajón. Augusta sabía que lo engañaba y que llevaba una vida pendenciera, pero creía que debía perdonarlo. En alguna ocasión volvió a la cárcel, pero nunca por delitos de sangre. Aunque ya estaba en ello.

Ataques y juicio

Durante los primeros días de febrero de 1929 ejecutó tres ataques: a una anciana, a una niña y a un hombre de su edad. A todos los apuñaló decenas de veces con unas tijeras afiladas, en el cuerpo, en la cara, en los ojos. A los dos últimos los mató. A la niña la violó y quemó su cuerpo; tuvo un orgasmo mientras veía cómo ardía. La policía empezó a considerar la existencia de un asesino en serie.

Kürten prosiguió su festival de ataques, sobre todo a mujeres a las que violaba. En agosto cometió un crimen que refleja su narcisismo. Asesinó a una joven, bebió su sangre hasta vomitar, vejó su cadáver y lo enterró. Pocos días después envió a la policía un mapa donde confesaba el crimen y detallaba su paradero. Düsseldorf ya estaba escandalizada y se extendió una ola de terror. La prensa comenzaba a hablar de «el vampiro de Düsseldorf».

Antes de que acabase el año, Kürten mató a otras cinco mujeres, además de violar a varias más. Había cambiado las tijeras por cuchillos y un martillo, para que la policía pudiera pensar que no se enfrentaba a un solo hombre. Durante el verano arrestaron a un joven con deficiencias mentales, con algún antecedente por agresiones. Este, encantado con la atención que recibía, se declaró culpable de todo; pero una vez en la cárcel, los asesinatos seguían y se demostró que su detención carecía de fundamentos.

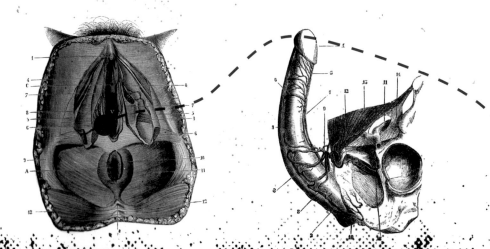

La sucesión de ataques continuó hasta que a Kürten se le acabó su suerte. Buena parte de sus víctimas no denunciaba. La joven Maria Budlich, tampoco. Paro la casualidad quiso que la policía se enterase de que había sido violada y la animó a ofrecerles información. Tiraron del hilo hasta llegar a la casa de Kürten y Augusta. No estaban dentro, pero él los vio y supo que su tiempo se acababa. Días después confesó a su atónita esposa que él era aquel vampiro que aterrorizaba a Düsseldorf. Augusta, incrédula, escuchó cómo le pedía que lo denunciase a la policía para, el menos, cobrar una sustanciosa recompensa. Y, en efecto, el 24 de mayo de 1930 ambos quedaron en un parque. Cuando Augusta saludó a su marido, los policías salieron de sus escondites y arrestaron a Kürten, que confesó con tranquilidad todos sus infames actos.

Al proceso, iniciado el 13 de abril de 1931, acudió un centenar de periodistas extranjeros, y un gentío pasó la noche previa en la calle para obtener tener sitio en la sala. Esa mañana, la policía tuvo que intervenir para evitar aglomeraciones y desórdenes. Durante el juicio Kürten relató todas las atrocidades de su vida criminal sin pestañear, sin asomo de arrepentimiento y paladeando ante el público el resultado de sus actos.

Fue condenado, como todos esperaban, a morir guillotinado. El jurado de Düsseldorf lo sentenció a muerte nueve veces por nueve casos de asesinato y a 15 años de prisión por siete tentativas. A Kürten le interesaba saber si llegaría a escuchar el sonido de su propia sangre brotando del cuello, quería darse ese gusto. Lo iba a comprobar el 2 de julio de 1931. Esa noche la pasó sin dormir, en compañía de un cura y su abogado, escribiendo cartas de disculpa a su esposa, a las víctimas que sobrevivieron y a los parientes en duelo. Su cabeza[1] cayó decapitada cuando amanecía. Fue donada a la ciencia para estudiar si albergaba algo que le hiciera especial. Para nada, era como todas.

caso CERRADO

1. Hoy la podemos contemplar, momificada y dividida en dos, en el museo de curiosidades Ripley's Believe It or Not! de Wisconsin, en Estados Unidos.

MARCEL PETIOT

LA INMORALIDAD DEL ASESINO

Ruin, miserable, estomagante. Son algunos de los adjetivos que se vienen a la mente cuando pensamos en este criminal francés que engañó y mató a quienes huían de la persecución nazi para hacerse con sus riquezas. Y es que era así, desde pequeño.

Un corrupto por naturaleza, sin límites morales ni compasión. Narcisista y mentiroso, el dinero era el fin que para él justificaba cualquier medio.

AÑOS EN ACTIVO
De 1942 a 1944.

MOTIVACIÓN
Económica.

TIPOS DE VÍCTIMAS
Personas que huían del régimen nazi.

NÚMERO DE VÍCTIMAS
25, probablemente más.

ESTATUS DEL CASO
Juzgado y condenado a muerte por guillotina.

PETIOT DEMUESTRA QUE LA MALDAD DE LOS HUMANOS NO TIENE LÍMITE. NO ESTABA LOCO, SIMPLEMENTE ERA UNA PERSONA ABYECTA, DESPRECIABLE. ENCONTRÓ EN LA OCUPACIÓN NAZI DE FRANCIA SU OPORTUNIDAD DE ENRIQUECERSE.

HABÍA ALGO CLARO al respecto de Marcel Petiot, en cualquier circunstancia y desde siempre: no era trigo limpio. Todo lo que tocaba quedaba ensuciado, pervertido de alguna manera, como un rey Midas de la corrupción. Sin embargo, lo que pasó en los últimos años de su vida superó con creces la ruindad y la miseria con la que se había comportado desde joven. Los horrores cometidos en la *rue* Le Sueur 21, en París, dan testimonio de ello.

Un mal comienzo

Marcel André Henri Félix Petiot nació el 17 de enero de 1897 en Auxerre. Desde su infancia –nada tierna– desarrolló comportamientos sexuales sorprendentes para su edad: con 11 años propuso relaciones íntimas a otras compañeras de clase o el intercambio de pornografía. Además, el joven Marcel se entretenía con la tortura de gatos –los apresaba, los metía en agua hirviendo y luego los disparaba– y gustaba de llamar la atención disparando armas en clase . Todo esto le llevó a ser expulsado de varios colegios: era el epítome del alumno problemático. En 1912 murió su madre y su conducta empeoró. Con 17 años empezó a robar en los buzones y fue arrestado. El juez pidió una evaluación psicológica del adolescente. Lo declararon no apto para ser juzgado, y calificaron la personalidad de Petiot como socialmente inadaptada y anormal, algo cercano a lo que hoy se considera bipolar.

Empezó estudios en Medicina, pero la Primera Guerra Mundial se cruzó en su camino y se alistó en el ejército francés. Pronto fue herido y en el hospital protagonizó episodios de robos y enfrentamientos. Allí los psiquiatras lo declararon neurasténico, desequilibrado mental , paranoico depresivo y propenso a las fobias. Volvió al frente, pero lo licenciaron por sus problemas mentales. Hubiera sido un buen momento para morir por la patria, pero ya se sabe que la Parca se lleva siempre a los mejores... y Petiot estaba del otro lado. Diametralmente.

A los veteranos de guerra se les facilitó sacarse un título universitario, y Petiot aprovechó para licenciarse en Medicina, al fin. Abrió un consultorio médico en Villeneuve-sur-Yonne, en la Borgoña, hacia 1922. Allí se convirtió pronto en un personaje popular, no tanto su profesión como por sus extravagancias. Comerciaba además con drogas –que también consumía– y practicaba abortos a escondidas. Tanta publicidad lo llevó a presentarse a alcalde, cargo que consiguió en 1926. Que nadie espere un Petiot eficiente y probo. Durante su mandato se le acusó de robos y tratos comerciales turbios, y por supuesto de malversar fondos públicos. Y, aún peor, se le relacionó con el asesinato de una joven que había sido su amante. Unos vecinos lo vieron metiendo un gran bulto en su coche justo cuando desapareció. A falta de otras pruebas, Petiot no recibió cargos. Por aquella época se casó con Georgette Lablais, con quien tuvo un hijo en 1928.

En 1931 lo echaron de la alcaldía. Como los buenos caciques –los telediarios de hoy solo imitan al pasado– volvió al Ayuntamiento. Como buen corrupto, volvió a delinquir y un año después tuvo que dejar su puesto de concejal, acosado por la ley. Era el momento de una huida hacia adelante. Se sentía con fuerza para más y se mudó a París.

En la capital abrió un consultorio de dudosas prácticas en un primer piso de la *rue* de Caumartin. Con «dudosas prácticas» nos referimos a expedición de drogas a drogadictos y a abortos ilegales, todo en el mundo lumpen en el que tan bien se manejaba Petiot. Y, de nuevo, lo arrestaron por robo, esta vez en una librería. «Un genio no se preocupa por esas cosas materiales básicas», se disculpó ante los jueces, en lo que fue un aperitivo de su funesto humor negro ante el tribunal que lo mandaría a la guillotina, años después. Salió del psiquiátrico siete meses después. Un médico lo declaró «delirante e irresponsable», a la par que un colega concluyó que era «un individuo sin escrúpulos, sin sentido moral alguno». Poco le quedaba para otorgar la razón a ambos.

París, bajo el yugo nazi

La Segunda Guerra Mundial dibujó un panorama sombrío en toda Francia. La guerra relámpago dejó a París bajo dominio nazi. Tiempo de secretos, delaciones, de mercado negro, de miedo y de mentiras; es decir, el escenario ideal para la doble moral o para la ausencia total de ella, tiempo de Petiots. En un primer momento, Marcel encontró su hueco expidiendo a sus compatriotas certificados médicos falsos donde confirmaba su incapacidad para el trabajo, y a quienes regresaban de la contienda les recetaba a sus viejos amigos, es decir, los narcóticos.

Sin embargo, pronto pensó en una vía de negocio más lucrativa acorde a las necesidades de los nuevos tiempos, solo al alcance de una mente criminal brillante y sucia y de unos escrúpulos en retroceso. Petiot compró la casa de

LA FRANCIA OCUPADA

La guerra relámpago de la Alemania nazi dejó un país ficticiamente dividido en dos. El 22 de junio de 1940 se firmó un armisticio entre Alemania y Francia, después de la victoria de los nazis en el campo de batalla. Los germanos se anexionaron algo más de la mitad del país, dejando «libre» la parte sureste. En realidad, instaló un gobierno títere,

Hitler y varios altos cargos nazis pasean por París, el 23 de junio de 1940.

encabezado por el mariscal Phillipe Pétain, que colaboraba abiertamente con ellos. El general Charles De Gaulle quedó como líder de la Francia Libre, desde Londres.

En territorio francés se organizó la Resistencia, formada por diversos grupos de combatientes que intentaban dificultar la ocupación nazi. El «maquis» era el grupo de resistentes que se organizaba en las zonas montañosas. En la zona ocupada se creó la Gestapo francesa, integrada sobre todo por criminales que se habían adherido a los nazis. También fue conocida como la «Carlinga».

la *rue* Le Sueur en 1941 –una finca amplia en un barrio elegante– con una idea en mente. Aún no podía haber visto la película *Casablanca* –se estaba rodando– pero sabía que muchas personas estaban dispuestas a pagar lo que fuera por un pasaje hacia América. Sobre todo, judíos, claro. Ellos se convertirían en sus principales «clientes».

Aunque no solo. Petiot supo atraer a matones prófugos de la justicia, a proxenetas, a prostitutas, a todo aquel que desease empezar desde cero en otro lugar del mundo. Con el seudónimo de «doctor Eugène» dejó caer en los bajos fondos de París –con los que estaba bien conectado– que él poseía la llave hacia un nuevo mundo, una nueva oportunidad. Ofrecía un pasaje a Argentina, clandestino por supuesto, vía Portugal, a cambio de 25 000 francos por persona. Para grupos hacía tarifas especiales. Como en *Casablanca*, pero sin aeropuerto. Todo era mentira menos el dinero. *El mundo se derrumbaba, sí, pero Petiot prosperaba.*

Cuando adquirió la casa de la *rue* Le Sueur, Marcel ordenó algunas reformas. Elevaron los muros externos para que nada se viera desde el exterior,

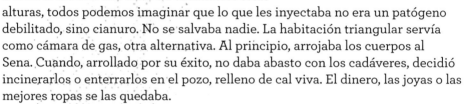

reformaron el sótano y se construyó una extraña habitación triangular estanca, con mirillas para espiar, se colocaron puertas dobles y se excavó un misterioso pozo. Todo ello con un único propósito: deshacerse de la mejor manera posible de los cuerpos iban a llegar.

Primero llegaban vivos, andando, con todas sus maletas a cuestas, confiados de que el «doctor Eugène» les abría las puertas no solo a su casa, sino a una nueva vida. Y no se equivocaban, no del todo. Eugène-Petiot los llevaba al sótano, donde les decía que las autoridades argentinas obligaban a estar al día con una serie de vacunas. A estas alturas, todos podemos imaginar que lo que les inyectaba no era un patógeno debilitado, sino cianuro. No se salvaba nadie. La habitación triangular servía como cámara de gas, otra alternativa. Al principio, arrojaba los cuerpos al Sena. Cuando, arrollado por su éxito, no daba abasto con los cadáveres, decidió incinerarlos o enterrarlos en el pozo, relleno de cal viva. El dinero, las joyas o las mejores ropas se las quedaba.

Durante más de un año el negocio de Petiot le dio tantos clientes como beneficios. Pero en la primavera de 1943, la Gestapo francesa creyó descubrir un entramado de fugas de la Resistencia, liderado por Petiot, a quien encarceló. Ocho meses pasó en la prisión de Fresnes, en los que sufrió torturas para que delatase a sus compañeros de la Resistencia (a eso se le llama morir de éxito). Se mantuvo «firme» y no reveló nombres, así que lo liberaron en enero de 1944.

Donde hay humo. . .

Decidió entonces empezar a borrar el máximo de pruebas incriminatorias posible y puso a trabajar a todo rendimiento las calderas de su sótano. Y eso fue el inicio de su perdición. El 11 de marzo de 1944, la paciencia de los vecinos de la *rue* Le Sueur llegó a su fin y comunicaron a la policía los olores pestilentes provenientes de una chimenea en la casa abandonada del número 21. Los bomberos entraron rompiendo unas ventanas y llegaron hasta el humeante sótano. Lo que allí encontraron no lo podrían olvidar: esparcidos, aquí y allá, trozos de cadáveres cortados; unos 150 kilos de tejidos humanos; en el pozo, lleno de cal viva, se descomponían un sinfín de huesos; en una habitación lúgubre, se apilaban baúles, maletas, sacos... Alguno de los bomberos vomita nada más salir. Al parecer –las versiones varían– Petiot apareció minutos después

Petiot (con barba), días después de su última detención.

por su casa y se hizo pasar por su hermano. Allí, entre susurros, convenció a la policía de que aquello era un escondrijo de la Resistencia donde se deshacían de boches (los alemanes) y colaboracionistas. Resultó convincente y lo dejaron marchar.

Petiot se dio a la fuga y, curiosamente, se integró en la verdadera Resistencia francesa. Sin embargo, un provocativo artículo publicado en prensa, titulado «Petiot, soldado del Reich» le tocó su extraño orgullo y contestó al periódico *en defensa propia*. Este movimiento abrió las puertas a que la policía lo localizase en los alrededores de París a finales de 1944. En su chaqueta se encontraron decenas de documentos de identidad falsos.

Se esperaba un juicio tumultuoso, pero las previsiones se quedaron cortas. Petiot se había convertido en todo un personaje mediático, un intento de gracioso parlanchín que con su presunto humor negro quería esparcir tinta negra sobre sus crímenes. «No dejen de acudir a mi juicio, va a ser maravilloso y se va a reír todo el mundo», les decía a sus carceleros. En efecto, sus provocaciones encandilaron al público general y enervaron a los familiares. Tan pronto se encaraba con el juez como se quedaba dormido; fue un juicio entre el horror y el esperpento. Quiso jugar la baza de héroe de la Resistencia, aquello de que solo quemó alemanes «por Francia»... Pero nada pudo alegar sobre las maletas que se agolpaban, sobre los pijamas de niños.

Se le acusó de 27 asesinatos, cifra que él, jactanciosamente, elevó a 63. Petiot se comportaba de manera grotesca, como si fuera el protagonista de un sainete. Pero lo que estaba en juego era su vida y el jurado lo declaró culpable de 25 asesinatos. La guillotina, que había quedado sin uso desde los comienzos de la guerra, se desempolvó para el cuello de Petiot. En su último día de vida, les espetó a los testigos de la ejecución: «Caballeros, les ruego que no miren. No va a ser bonito». Eso va en gustos y fue el 25 de mayo de 1946.

CASO CERRADO

MIYUKI ISHIKAWA

UNA MATRONA ASESINA

No hace falta cortar cabezas para que te consideren un asesino en serie. Que se lo digan a esta matrona japonesa, que sin derramar una gota de sangre ostenta el título de mayor criminal japonés. Tuvo a su cargo a centenares de bebés que descuidó de manera consciente.

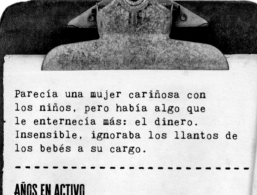

Parecía una mujer cariñosa con los niños, pero había algo que le enternecía más: el dinero. Insensible, ignoraba los llantos de los bebés a su cargo.

AÑOS EN ACTIVO
De 1943 a 1948.

MOTIVACIÓN
Económica.

TIPOS DE VÍCTIMAS
Recién nacidos.

NÚMERO DE VÍCTIMAS
84, probablemente más.

ESTATUS DEL CASO
Juzgada y condenada a ocho años de cárcel. A los cuatro se le concedió el indulto.

QUIZÁ EMPEZASE CON BUENAS INTENCIONES, PERO LA MATRONA ISHIKAWA PREFIRIÓ PRESTAR MÁS ATENCIÓN AL DINERO QUE A SUS RECIÉN NACIDOS. AL MENOS, SU CASO SIRVIÓ PARA ARROJAR LUZ SOBRE UN GRAN PROBLEMA.

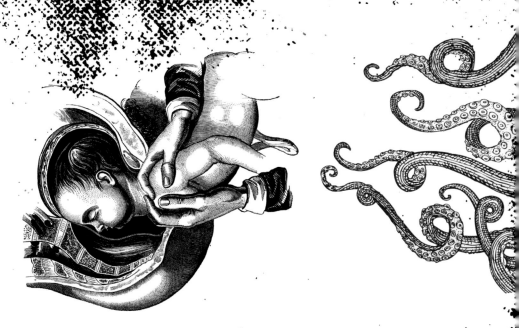

EN ESTE LIBRO de asesinos de trazo grueso, de burdos desmembramientos, con fortuna de envenenamientos más o menos agónicos, de repente, Miyuki Ishikawa. Aquí no veremos sangre, si acaso la que se espera en un parto natural. Pero tampoco podremos decir que son asesinatos silenciosos, ya que los llantos que oiremos nos taladrarán el oído y se harán con toda nuestra atención, puesto que están diseñados para ello. Tampoco la línea ancha y clara que puede distinguir el bien del mal aplica para estas muertes. O sí, y dependerá del criterio de cada uno. El juicio de la historia, sin embargo, parece haberlo perdido esta matrona, considerada la mayor asesina en serie de Japón.

Un asunto tabú

En el año 1943, Miyuki Ishikawa y su esposo Takeshi Ishikawa abrieron una casa de maternidad en un distrito de Tokio, donde acudiesen las mujeres a parir y los bebés fueran cuidados durante sus primeros días. Miyuki había nacido en 1897 y desde que acabó los estudios primarios se especializó en obstetricia. Logró unas notas excelentes y una especialización muy alta para una mujer en ese tiempo. En 1919 fue admitida como matrona y durante casi 30 años ejerció su oficio. Los últimos, en su propio negocio de Kotobuki San'in.

Takeshi, su marido, era tres años mayor. Había trabajado como policía y, tras licenciarse, se dedicó a ayudar a su mujer en lo que fuese necesario. Vivían con sus cuatro hijos: uno de un matrimonio anterior de Takeshi y otros tres que habían adoptado. Ellos no podían tenerlos porque a Miyuki le habían extirpado el útero y los ovarios años atrás.

Por aquella época –como en tantas otras– el aborto no solo estaba prohibido en Japón, sino que era una realidad incómoda de la que nadie quería hablar.

Y Miyuki, con gran experiencia en el mundo de la natalidad, que sabía la cantidad de bebés indeseados por sus progenitores que venían al mundo, ve una oportunidad de negocio. Su maternidad se iba a especializar en ese mundo subterráneo y oscuro, donde las autoridades no llegaban o no querían llegar. En Kotobuki San'in se iba a «ayudar» a esas madres que llegaban desesperadas. Pero Miyuki no era una samaritana, sino una empresaria. La mezcla parecía explosiva.

El negocio

Miyuki ostentaba varios cargos representativos, como resultado de su largo historial y cierto prestigio en el oficio: Asociación Japonesa de Matronas, Enfermeras y Enfermeras de Salud Pública, jefa de la sucursal de Ushigome de la Asociación de Matronas de Tokio y presidenta de la Asociación de Matronas de Ushigome. Si había decidido consagrar su maternidad a los hijos de prostitutas, mendigas y delincuentes, sabía bien lo que hacía.

Japón estaba entonces en plena Segunda Guerra Mundial y el número de viudas desprotegidas aumentaba por millares cada semana. Las penosas consecuencias de una guerra se contagian a muchos frentes, y este era uno de ellos.

Miyuki empezó a publicitarse en los medios («Se abre maternidad para personas con problemas», «Cuidado infantil, confidencialidad»). Su maternidad se comprometía a asistir a las parturientas y a quedarse a los bebés. Todo, claro, con la condición de efectuar un pago de varios miles de yenes con el que mantener al niño hasta que este fuera adoptado. Sin embargo, esos ingresos no se empleaban para los recién nacidos, o al menos no como se debiera. Los productos básicos que se compraban para los bebés bajo el amparo de la maternidad, como la leche en polvo o el azúcar, se desviaban hacia el mercado negro, donde su valor aumentaba (recordemos la carestía que sufría un país en guerra). Los Ishikawa comenzaron a prosperar obscenamente. Pudieron instalar un teléfono –un artículo de lujo por entonces–, compraron terrenos de valor para especulaciones inmobiliarias e incluso ya valoraban comprarse un automóvil. Unos nuevos ricos subidos a lomos de un negocio turbio.

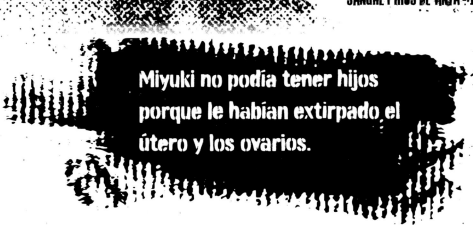

Miyuki no podía tener hijos porque le habían extirpado el útero y los ovarios.

El negocio iba a más. Los Ishikawa «seducían» a sus nuevos clientes con una implacable lógica capitalista: el dinero que ellos recibirían por hacerse cargo de los bebés sería mucho menor que la crianza de unos hijos indeseados. La situación del país ayudaba. El rumor de que allí se podían «elegir» niños se extendió más allá de Tokio –de ahí la inversión en el teléfono– y las parejas que querían adoptar acudían a Kotobuki San'in, de donde salían con uno después de satisfacer a los Ishikawa con sus yenes.

Sin embargo, cuando acabó la guerra, algo empezó a cambiar. Las madres siguieron llegando, pero el número de adopciones comenzó a bajar de manera alarmante. Eso suponía menos ingresos pero, sobre todo, alargar los gastos de manutención. Y, como una nube maligna que se genera sobre el horizonte, en el ánimo de los Ishikawa se conformó lo que veían como la única solución que mantuviera su estilo de vida. Miyuki empezó a reducir el tamaño de las raciones de comida que daba a los bebés. Dejó de bañarlos, de cambiarles los pañales, de prestarles atención, de darles calor. Esto último, de manera literal, ya que en el frío invierno de Tokio morían congelados.

Algunas de las matronas que habían contratado para Kotobuki San'in comenzaron a quejarse a los Ishikawa y solicitaron más comida, más empleadas y más calor. Pero Miyuki sofocó todo gesto de desaprobación. Las cosas estarían bien mientras a ellos les fuera bien. El principal problema consistía en soportar aquellos alaridos de los niños hambrientos, y qué hacer con sus cadáveres, después. Y por ahí llegó el fin de caso.

Descubrimiento

En la noche del 12 de enero de 1948, puesto que una serie de delitos violentos asolaba Tokio, el Departamento de Policía Metropolitana redobló su vigilancia en varias zonas de la ciudad. Dos agentes interrogaron a un hombre que llevaba una caja de madera en la parte trasera de una bicicleta. El hombre resultó ser un empresario de pompas fúnebres y en cada una de las cuatro cajas que portaba se encontraba el cadáver de un bebé. Cuando lo interrogaron, les dijo que era un encargo de la maternidad de Kotobuki San'in, y que iba a incinerarlos junto a otros cadáveres al día siguiente. Aquello centró las sospechas de la policía en el negocio de los Ishikawa. Tres días después entraron en la maternidad y lo que vieron no les dejó dudas: Miyuki y Takeshi fueron arrestados. En el registro encontraron seis kilos de azúcar, ocho de leche en polvo y 27 de arroz. También siete niños llorosos y desnutridos, dos de los cuales fallecieron ese mismo día.

Las autopsias realizadas a aquellos cadáveres determinaron que los bebés tenían el estómago vacío y los pulmones estresados de tanto chillar. En casa del funerario encontraron unos 40 cuerpos, y en el de otro unos 30, quemados un año atrás.

Juicio y consecuencias

Las autoridades estimaron que un mínimo de 84 bebés pudieron haber muerto en la maternidad (se cree que el número pudo ascender a 169, aunque se dejó en 103 probables). Miyuki se defendió afirmando que ella solo trataba de cuidar a los hijos de unos padres imprudentes y la opinión pública se puso de su parte. Los hijos nacidos fuera del matrimonio se consideraban –con suerte– de segunda clase y el código penal japonés era muy tibio con esos casos de infanticidio. Solo llegaron voces de denuncia desde el ámbito intelectual, que defendía el derecho al reconocimiento de unos niños que eran exactamente iguales que los nacidos bajo un matrimonio.

El caso estalló como una bomba en la sociedad japonesa que salía de un periodo de aislamiento tras la Segunda Guerra Mundial. Este incidente contribuyó a que el Gobierno tomase cartas en el asunto: en la custodia y «venta» de niños, en la publicidad de las clínicas y en el espinoso tema del aborto. Se promulgó la Ley de Protección Eugenésica en 1948, que venía a permitir la interrupción del embarazo bajo determinadas circunstancias.

El juicio contra los Ishikawa y tres de sus empleados –entre ellos, un médico que falsificaba actas de defunción para así poder simplificar los trámites de adopción– comenzó en junio de 1948, entre gran expectación. En un primer momento, Miyuki rechazó los cargos aduciendo que ella solo se dedicaba a administrar y que el cuidado recaía en manos de sus ayudantes. Pero ella y su marido acabaron por reconocer el cuidado deficiente que proporcionaban a los niños. El tribunal les consideró culpables de la muerte de 84 niños entre abril de 1946 y enero de 1948, 27 de las cuales tenían huellas claras de asesinato. Por ello, Miyuki recibió ocho años de cárcel y Takshi, cuatro, En 1952, un indulto los dejó fuera de la cárcel. Abrieron un negocio de jabón, crema y pescado y continuaron su negocio inmobiliario. Fallecieron con más de 90 años.

caso CERRADO

Takeshi Ishikawa (a la izquierda de la imagen) y
Miyuki Ishikawa, de camino al juzgado.

OTRAS ENFERMERAS ASESINAS

El caso de la matrona Miyuki Ishikawa tiene más claroscuros
que la mayoría de los casos de este libro. Su actitud resultó
deleznable por lo que tuvo de jugar (y decidir) con la vida de
unos recién nacidos para sacar un gran beneficio propio. Sin
embargo, en el juicio legal -y en el mediático- salió a la luz
que su maternidad no era más que una salida a un problema muy
real que ni la ley ni la sociedad se atrevían a encarar. En
realidad, hubo casos muy similares a este que azotaron Japón
desde 1930, cuando los habitantes de Itabashi fueron acusados
de asesinar a 41 niños, mientras que en 1933 un hombre llamado
Hatsutaro Kawamata fue arrestado bajo cargos de homicidio de
25 niños. Y pocas veces se actuaba contra ese tipo de delitos
porque los recién nacidos no tenían derechos.

Los casos de médicos o enfermeros que matan a sus pacientes
supone un pequeño capítulo aparte en el estudio de los asesinos
en serie. Algunos
casos son puro sadismo
y en otros, los
autores se persuaden
de que hacen el bien
al liberar a sus
víctimas de supuestos
sufrimientos.

Los niños que quedaron en la
maternidad de Kotobuki San'in.

TRAS LA SEGUNDA GUERRA MUNDIAL, LOS MEDIOS DE COMUNICACIÓN TOMAN POSESIÓN DE LA ESFERA PÚBLICA. Y CUANDO APARECEN ASESINATOS ESCABROSOS, NO SE AHORRAN DETALLES A LA HORA DE CONTÁRNOSLOS. EL PROBLEMA NO SERÁ LA FALTA DE INFORMACIÓN, SINO SABER DISCERNIR LOS MOTIVOS Y LAS CAUSAS ENTRE EL MORBO DE TANTA, TANTA SANGRE.

ED GEIN

SU MAMÁ SE LO DIJO

Lo llamaron el «carnicero de Plainsfield», pero también podría haber sido un vampiro o un monstruo. Qué más da el nombre, cuando queda una historia canónica de lo que hace una infancia turbia sobre la mente del chico equivocado.

Introvertido, infantil y de pocas palabras. Muy dependiente de su madre, hasta lo enfermizo. Una infancia con traumas lo convirtió en peligroso e impredecible.

AÑOS EN ACTIVO
1946-1957.

MOTIVACIÓN
Necrofilia, especialmente.

TIPOS DE VÍCTIMAS
Mujeres.

NÚMERO DE VÍCTIMAS
Dos confirmadas.
Sospechas de siete más.

ESTATUS DEL CASO
Juzgado y considerado inocente de sus crímenes por locura. Encerrado de por vida en un hospital psiquiátrico.

LOS DELIRIOS CRIMINALES DE ED GEIN HAN SOBREPASADO LO CRIMINAL Y SE HAN INSERTADO EN CIERTO LUGARES DE LA CULTURA POP. LA MÚSICA Y EL CINE, POR EJEMPLO, SE HAN SERVIDO DE LAS ATROCIDADES DE ESTE HOMBRE DOMINADO POR EL ESPÍRITU DE SU MADRE.

Si TIENES CINCO años y observas a tus padres, medio a escondidas, cómo le
hincan un cuchillo a un cerdo y lo abren en canal, no tienes por qué convertirte
en un asesino en serie. Y menos si viven de eso. En tal caso, nuestros abuelos
habrían pasado gran parte de su vida en la cárcel, nunca se habrían casado
y nuestras fotografías empezarían a difuminarse. Si tu padre te maltrata y es
alcohólico, no son buenas noticias, pero tampoco vamos a ponernos a sospechar
de ti por ello. Si tu madre es una fanática religiosa, piensa que las mujeres son
una encarnación del diablo y te educa con el Libro del Apocalipsis en mano...
te compadecemos. Tómense estos elementos, extraídos de cualquier manual
barato de *Cómo crear tu propio serial killer*, sazónense con odio entre padres
más una infancia en una granja aislada de Wisconsin, y no tendrás, pese a todo,
ni un 1 % de posibilidades de convertirte en un criminal. Pero si tienes la mente
de Edward Theodore Gein, la cosa cambia. Y no solo para ti; también para tus
vecinos.

Su mamá no le mimaba

Esa fue, en líneas gruesas y generales, la infancia de Ed Gein. Un perturbado al
que, con los parámetros actuales, no le podríamos considerar asesino en serie
(sus crímenes confirmados son dos), pero cuya parafernalia le ha concedido el
macabro título *honoris causa*. Gein no era un jovenzuelo cuando «descarriló».
Nació en 1906 y ya se había librado de ir a la Segunda Guerra Mundial cuando,
en 1944, su único hermano Henry apareció muerto en mitad del bosque,
aparentemente por asfixia tras un incendio. Por muchas sombras que haya,
no hay pruebas para ver aquí un caso de Caín y Abel. Aunque haya mimbres
para ello: Henry comenzaba a salir con una mujer divorciada y con dos hijos
y criticaba abiertamente la relación insana y asfixiante entre su madre y su
hermano. La realidad es que Ed y Augusta se quedaron solos en su apartada

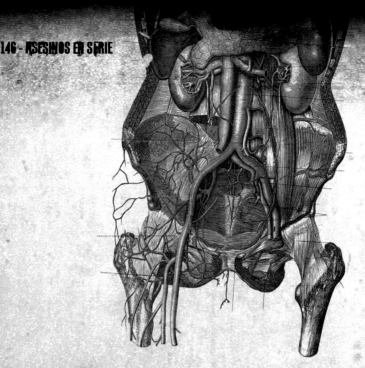

casa del pequeño pueblo de Plainfield (el padre había muerto en 1940 de un ataque al corazón). Una casa que el cine nos ha invitado a visitar en más de una incómoda ocasión.

Pronto todo se oscurecería aún más: Augusta sufrió un derrame cerebral poco después de la muerte de su primer hijo, que la dejó por completo dependiente de Ed. Quizá este fuera más feliz así, con su idolatrada y dominante madre bajo su absoluto cuidado, con ese complejo de Edipo culminado por una posesión física casi absoluta. Pero esta situación no duró demasiado. A finales de 1945, un segundo derrame se llevó a la madre: su mejor amiga, su mejor amor, su todo. Gein, ahora sí, estaba completamente solo. Únicamente lo acompañaban sus fantasmas, que empezarían a ocupar su mente con total libertad.

Nazismo, canibalismo... o receta de autor

Por entonces, Gein ya había cambiado la lectura del Apocalipsis por cómics baratos que hablaban de aventuras, sí, y también de canibalismo y de las torturas de los nazis al otro lado del océano, como las de Ilse Koch, la reina de la crueldad en el campo de exterminio de Buchenwald. Limpió y cerró la habitación de su madre, dejándola inmaculada (como veía a su propia madre), a la par que el resto de la casa comenzaba a convertirse en un basurero. En uno muy particular.

A partir de 1947, Gein comenzó a profanar tumbas. Salía de noche, con las herramientas necesarias, y tomaba los cuerpos enteros, o bien partes. ¿Por qué lo hacía? Lo más aséptico sería decir: porque quería y porque podía. Porque estaba loco. Si queremos ir más allá, sabemos que admitió lo siguiente: desenterraba cuerpos de mujeres que guardasen –quién sabe cómo– cierto parecido con su madre. Su objetivo era confeccionar un «traje de mujer» en el

EL ESPEJO DEL CINE

No vamos a asegurar que Ed Gein haya sido el primer asesino de la cultura pop del siglo XX. Pero puede que lo fuera. La cultura creada por los medios de comunicación genera sus propios mitos y monstruos, que en ocasiones vienen a ser los mismos. Poco dice de esa cultura, es decir, de nosotros.

La casa que vemos abajo es la de la familia Gein en 1958, poco antes del incendio que la asoló. Fue un modelo para que Alfred Hitchcock crease su motel Bates en *Psicosis* (1960), ya que la novela (1959) homónima de Robert Bloch se basaba abiertamente en la figura del asesino. Recordemos: madre dominante, hijo servil y apocado, odio por las mujeres, relación edípica, etc.

Años más tarde, el cineasta Tobe Hooper planeó su *Matanza de Texas* (1974) en la cola del supermercado, pensando en abrirse paso con una motosierra. Para lo demás tomó como referencia a Gein, sobre todo en la idea de la vida de una familia disfuncional en una granja, alejados de la vida en sociedad. Que el protagonista tuviera una máscara de cuero tampoco era casual. Otras novelas con asesino en serie llevadas al cine, como *El silencio de los corderos* (Thomas Harris, 1988) o *American Psycho* (Bret Easton Ellis, 1991) tienen protagonistas inspirados en parte en Ed Gein.

Por lo general, diversos artistas plásticos o grupos musicales con vocación de transgresión han utilizado el nombre de Ed Gein para bautizar sus obras o sus grupos. Un recurso poco original, sin embargo.

La casa donde vivió Ed Gein.

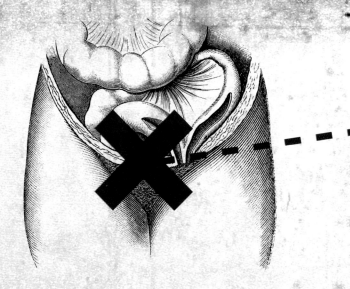

que meterse, para estar dentro de su piel. Para ser Augusta rediviva, para que ella nunca hubiese muerto y que siguiera diciéndole que el resto de mujeres eran unas rameras que no merecían el perdón de Dios.

La mente de Gein ya estaba enferma y su depravación solo puede ponernos la piel de gallina (metafóricamente, por favor). Para él únicamente existía su madre; aunque muerta, le susurraba las obscenidades que cometían las otras mujeres. Más tarde, a los jueces que evaluaron su estado mental, Gein les comentó que se ponía, encima de sus genitales, las vulvas de las mujeres jóvenes a las que había desenterrado. También sus vestidos.

Podemos seleccionar algo de entre el catálogo de horrores que se encontró la policía en su casa:

- Huesos humanos enteros y fragmentos.
- Una papelera a base de piel humana.
- Sillas tapizadas con piel humana.
- Nueve vulvas dentro de una caja de zapatos.
- Cuencos realizados con calaveras humanas.
- Un cinturón de pezones humanos femeninos.
- Máscaras faciales hechas con la piel de cabezas femeninas.

La culpa fue de mamá

Todo esta parafernalia necrófila es horripilante, pero se llegó a saber cuando Gein dio el paso que le faltaba en su delirante conducta: el crimen, la caza humana. Nada de carroña. El 16 de noviembre de 1957 Ed Gein mató a la propietaria de la ferretería de Plainfield, Bernice Worden. Le disparó con su

escopeta tras comprar anticongelante para su furgoneta. Sabemos esto último porque Bernice apuntó el nombre del que iba a ser su último cliente en su libreta de contabilidad. No le daría tiempo a mucho más. A la policía le resultó suficiente para llegarse hasta la finca de Gein, donde encontró el cuerpo de Worden en un cobertizo, colgado de los pies, balanceándose con la fría brisa del estado de Wisconsin, ya sin sus vísceras. Le había dado tiempo a Gein a separarlas, tal y como había visto hacer a sus padres cuando era niño.

La policía no pudo creer lo que encontró por la mugrienta casa (la lista anterior está tan reducida como las cabezas jibarizadas que allí hallaron). Sin duda, estaban ante la obra de un loco, pero también de un asesino, porque hallaron en una caja la cabeza de otra mujer vecina de la zona, desaparecida tres años antes. Se temieron lo peor con los otros restos humanos, pero Gein los «tranquilizó». Son partes de cadáveres, agente, qué se va a pensar usted. La policía no supo a qué atenerse hasta que en la posterior investigación, Gein los condujo a los cementerios y acertó con las tumbas vacías. En muchas tuvo el detalle de dejar allí los anillos y otras joyas de los finados. Él no buscaba riquezas, tan solo recomponer a su madre.

Gein no fue juzgado como tal. Sí fue procesado por el crimen contra la ferretera, pero fue declarado inocente por demencia y esquizofrénico. Ingresó en el Instituto de Salud Mental de Mentota, en su Wisconsin natal, donde se comportó desde el principio como un paciente modélico, sin los alaridos y desórdenes de sus compañeros. Tanto fue así, que en 1968 lo declararon competente para defenderse con un abogado en un juicio. Fue declarado oficialmente culpable del asesinato de Worden, y admitió el crimen anterior. Pero, igualmente, su demencia le eximió de culpabilidad penal. Y poco se podía hacer contra los susurros de Augusta.

Ed Gein falleció en 1984, en su hospital psiquiátrico. Durante años, algunos turistas picaron su losa para llevarse trocitos de recuerdo. Dice eso menos de él que de nosotros.

caso CERRADO

MANUEL DELGADO

CUANDO LA LOCURA Y LA VIOLENCIA SE JUNTAN

Considerado el mayor asesino en serie de la historia de España, el caso de «el Arropiero» mueve al asco, al escándalo y a la reflexión. ¿Cuándo una persona ha de considerarse loca? ¿Debe el Estado encargarse de él? Nunca es fácil acertar con asesinos como este.

Impulsivo, descerebrado, muy violento. Un hombre que tuvo que estar bajo observación médica desde su infancia. No podía frenar sus instintos y no sentía culpa alguna.

AÑOS EN ACTIVO
1964-1971.

MOTIVACIÓN
Cualquiera.

TIPOS DE VÍCTIMAS
Cualquiera.

NÚMERO DE VÍCTIMAS
Siete confirmadas.
Estimadas, de 22 a 50.

ESTATUS DEL CASO
No llegó a ser juzgado. Pasó el resto de su vida en psiquiátricos.

EL ARROPIERO PODÍA MATAR TAN SOLO POR UN RAPTO DE IRA AL ESCUCHAR UNA RESPUESTA QUE LE DISGUSTASE. NO SEGUÍA UN PATRÓN: TAN SOLO, LLEVABA LA VIOLENCIA HASTA SU ÚLTIMA EXPRESIÓN.

En uno de los cerca de 50 crímenes que se atribuirán –y que quedó sin comprobar– Manuel Delgado Villegas, alias el Arropiero, decía estar con uno de sus clientes al pie de los acantilados de Garraf. El Arropiero se prostituía entonces con homosexuales y pasaba unos días en esa zona de la costa catalana. Su amante pasajero parecía extasiado por la belleza del paisaje: luz a raudales, diferentes grados de azul aéreo y marino, los ocres de las rocas y la arena de las calas, el verde de la carrasca y el lentisco.

— Qué belleza! ¡Qué vistas! No me importaría morir ahora mismo.

—Muérete entonces.

Y lo empujó, en un vuelo mortal de necesidad.

Así mataba el Arropiero, por impulso, por ira sobrevenida, como un niño grande enfadado. A los cinco minutos se le habría pasado y le hubiera susurrado al cadáver: «Venga, levántate, no es para tanto».

El hijo del Arropiero

En el año 1993, la televisión pública española entrevistó a Manuel Delgado Villegas, alias el Arropiero, en su residencia del psiquiátrico de Fontcalent (Alicante). Podemos verlo más desorientado que tranquilo, puede que anestesiado por los medicamentos o simplemente consumido por la enajenación mental que sufría. A la pregunta de qué es lo que más le gusta de la televisión, responde riendo como un niño avergonzado:

—Las mujeres, las mujeres...

El sexo, sin duda, fue algo muy importante en la vida de Manuel. El sexo en su condición más biológica y elemental. Nació con trisomía sexual XYY, aunque eso solo se supo años después, ya en la cárcel. Ese trastorno genético, dijeron entonces, fue el que le causó su vertiente violenta; en la actualidad, se cree que nada tiene que ver, que es una alteración sin consecuencias. Su nacimiento, en 1943 en Sevilla, ya fue premonitorio: su madre falleció durante el parto. De esa muerte no se le puede acusar, ni él jactarse de ella. Ya lo haría con otras.

Su padre era un vendedor ambulante de arrope, un jarabe dulce de calabaza o frutas combinado con miel, y de ahí su futuro apodo. Al hijo del arropiero lo mandaron junto con su hermana a Mataró, en Cataluña, donde su abuela los acogió en un barrio de emigrantes andaluces. Acudió a la escuela, pero no aprendió a leer ni a escribir. Ya de adulto, aprendió a dibujar su nombre, al menos para firmar.

A los 18 años se inscribió en la Legión, una fuerza militar del Ejército de Tierra Español. Allí comenzó a consumir grifa, una droga de la que solo se desenganchó mediante una cura de desintoxicación. También empezó a padecer ataques epilépticos –nunca se supo si fingidos o reales–, lo que le sirvió para ser declarado no apto para el servicio militar. Antes de abandonar el cuerpo, le enseñaron algunos golpes de kárate y perfeccionó el de la mano abierta en el cuello, susceptible de causar la muerte a quien lo reciba. Se convirtió en su método favorito para matar, o al menos para dejar inconscientes a sus víctimas. No tardaría mucho en emplearlo, porque abandonó para empezar un periplo por España, Francia e Italia, en el que daría comienzo su vida criminal.

Primeros crímenes

En aquella época fue detenido varias veces sin llegar a ingresar en prisión –por la llamada «gandula», la conocida ley de vagos y maleantes–, ya que por aquellos

Soldados de la Legión española.

> El Arropiero asesinaba sin patrón alguno, indetectable para la policía.

ataques epilépticos lo internaban en sanatorios psiquiátricos, de donde salía enseguida. Cambió la grifa por el alcohol, sobre todo ginebra o coñac y empezó a desarrollar manías de tipo sexual. Su carácter se tornaba cada vez más incierto, voluble, impredecible. No sabemos si las drogas potenciaron su declive mental o ya era inevitable. Sí que en 1964 mató, al menos oficialmente, por primera vez.

En enero de 1964, mientras paseaba por la playa de Llorac, en la costa barcelonesa, su mente se ofuscó.

> «Vi un hombre dormido apoyado en un muro. Me acerqué a él muy despacio y, con una gruesa piedra que cogí cerca del muro, le di en la cabeza. Cuando vi que estaba muerto, le robé la cartera y el reloj que llevaba en la muñeca. ¡No tenía casi nada y el reloj era una mierda!».

La víctima era un cocinero que murió en el acto. Había llegado a la playa desde Barcelona buscando un par de saquitos de arena para complacer a su suegra y se había tumbado a descabezar una pequeña siesta. Su sueño fue eterno. Curiosamente, el Arropiero se llevó su cartera de mano, pero se dejó la cartera principal, en la que llevaba más dinero, una quiniela con 12 aciertos, y el anillo de oro de casado en la mano. ¿Lo había matado un ladrón? No parecía. ¿O un loco? El crimen, por lo aparentemente absurdo y sin motivo, por el paisaje, recordaba al de Mersault en el libro *El extranjero*, de Albert Camus. A los pocos días, en Murcia, apareció un joven que reclamaba que aquel extraño crimen lo había cometido él; pero la policía vio pronto que, como otras veces, solo se trataba de alguien que quería llamar la atención.

Esa misma suerte acompañó a Manuel Delgado en su siguiente crimen registrado, cometido en Ibiza en el verano de 1967. En aquella época –más que en esta– la isla era un refugio para jóvenes jipis extranjeros. Una pareja de amigos –ella francesa, el norteamericano– entró en una casa desocupada para acostarse. Tomaron LSD, tuvieron sexo y durmieron. Pero el joven oyó ruidos y salió asustado. Era el Arropiero, en uno de sus múltiples robos para subsistir. Cuando vio a aquella joven semidesnuda, no pudo reprimirse. Se acostó con ella, la golpeó y acabó matándola. Luego la violó y se fue. Un rato después, regresó el norteamericano y se encontró con la escena. Pasó un año en la cárcel, hasta que decidieron que no era él.

Manuel Delgado siguió cometiendo asesinatos sin patrón alguno, indetectables para la policía, que los clasificaba como «crímenes sin resolver». No habitaba en él un asesino en serie sediento de sangre, que intentase vengar de manera consciente o inconsciente una infancia áspera –que posiblemente tuviese–. Más bien era un hombre impulsivo, irrefrenable, con cierto grado de enajenación mental. A su siguiente víctima, el Arropiero se le acercó para pedirle comida. El hombre respondió que era joven y que si quería comer, que trabajase. Fue lo último que dijo, antes de recibir aquel golpe de kárate. Como sabemos, lo empleó más veces.

Un final en falso

Manuel siguió matando hasta el 18 de enero de 1971. Su vida de vagabundo lastimero, de prostituto y de obrero en busca de una efímera «chapuza» lo había conducido hasta El Puerto de Santa María, en Cádiz. Eso, y que allí vivía su padre, el Arropiero original, que aún seguía deambulando con su oficio, y que le ofreció un techo. Manuel llevaba allí unos meses, tiempo en el que llegó a echarse una novia, una joven con cierta discapacidad intelectual, conocida en el pueblo por ofrecerse a tener sexo con quien se lo pidiera. Con Manuel parecía estar enamorada. El Arropiero era tan inestable como guapo, con un fino bigotillo que imitaba a su querido Cantinflas y sabía ser zalamero, como descubrieron días después los investigadores de la policía.

Aquel día, mientras tenían sexo tras unos matojos en el campo, Manuel se enfadó por algo que le pidió hacer Antonia, quien además le recordó cuando se acostaba con hombres; la estranguló con sus propios leotardos y escondió el cuerpo. Durante las tres noches siguientes vejó el cadáver. La policía, informada de desaparición de Antonia y de la relación con el Arropiero, lo detuvo. Al principio lo negó todo; pero pronto confesó, y no solo ese crimen. Fueron 48 asesinatos los que Delgado se atribuyó, no solo por España, sino también por Francia e Italia. Al principio creyeron que se trataba de otro delincuente más que quería llamar la atención. Sin embargo, demasiados datos encajaban, al menos en los crímenes cometidos en España.

Ese hombre de 28 años apuesto y lenguaraz parecía no mentir pese a resultar poco fiable y muy fanfarrón. La policía lo llevó por varios puntos de España para que reconstruyese sus delitos. Parecía un niño encantado de contar sus travesuras y bromeaba con los agentes, que lo adulaban para que soltase información. Se le pudieron atribuir 22 crímenes, aunque solo siete de ellos fueron probados; nadie descartó que aquella cincuentena fuera factible. Eso lo convertiría en el asesino en serie más prolífico de la historia de España.

caso con dudas

UN ESPERPÉNTICO NO JUICIO

Manuel Delgado Villegas mantiene otro extraño récord: pasó 25 años encerrado -en cárceles y psiquiátricos- sin ser sometido a un juicio: la detención preventiva más larga que se conoce. Tampoco, hasta 1977, se le asignó un abogado defensor.

El Arropiero con un agente, reconstruyendo su crimen de la playa de Llorac.

Cuando al Arropiero le dijeron que lo internaban para toda la vida, soltó un «Ah, bueno», tan indiferente como el de su familia o el de la propia justicia. Entró en el Hospital Psiquiátrico Penitenciario de Carabanchel, sometido a régimen carcelario, y allí pasó varios años, hasta su traslado a otro centro similar en Alicante. La Audiencia Nacional decidió dejarlo encarcelado, considerado un loco peligroso al que era mejor no juzgar para que no saliese años después a la calle.

En diciembre de 1996, la misma Audiencia Nacional ordenó su excarcelación de Fontcalent y su traslado al psiquiátrico de Santa Coloma de Gramanet (Barcelona), puesto que su familia vivía cerca de allí. Era en régimen abierto y a menudo mendigaba por las calles. Sus capacidades sociales casi habían desaparecido. Era imposible verlo sin fumar, enlazaba un cigarrillo tras otro. Falleció de una afección pulmonar en 1998.

EDMUND KEMPER

INTELIGENCIA Y RENCOR MAL MEZCLADOS

Lo llamaron el «asesino de las colegialas» porque mató a seis jóvenes autoestopistas con saña y depravación. Pero también mató a sus abuelos y, sobre todo, a su madre. En realidad, era su objetivo número uno. Desde bien pequeño, esa relación estaba condenada al desastre.

Dueño de una especie de inteligencia amenazadora, que acompañaba de sus 2,06 m de estatura. Su familia y compañeros lo consideraban un «bicho raro»… y él fue mucho más allá.

AÑOS EN ACTIVO
1964-1973.

MOTIVACIÓN
Sexual.

TIPOS DE VÍCTIMAS
Mujeres.

NÚMERO DE VÍCTIMAS
Diez.

ESTATUS DEL CASO
Juzgado y condenado a muerte, se le conmutó por cadena perpetua. Aún vive en la cárcel y ha renunciado a pedir la libertad condicional.

LAS HUMILLACIONES INFANTILES FUERON EL COMBUSTIBLE PARA EL RENCOR QUE ACUMULÓ ED KEMPER DURANTE TODA SU VIDA. SU MENTE, DESDE PEQUEÑO, ALBERGABA DEMASIADOS RINCONES PERVERSOS. ALGO EXTRAÑO HABITABA EN ÉL.

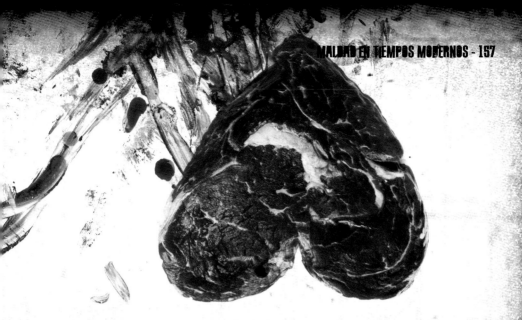

EL 7 DE MAYO de 1972, Edmund Kemper conducía su Ford Galaxie de 1969 por las cercanías de la bahía de San Francisco. Quizá el corazón le latía un poco más deprisa de lo normal –vaya día– pero tampoco se puede decir que estuviera nervioso. Era ya noche cerrada y pocos coches se cruzaban con el suyo a esas horas. Por el retrovisor vio que se le acercaba un vehículo, que le empezó a dar las luces largas. Bien visto, era un automóvil de la policía, que se puso a su altura y le ordenó que parase. El agente lo reprendió por llevar uno de los faros traseros rotos. No volverá a suceder, señor agente.

Ed pudo continuar su marcha. En el maletero llevaba dos cadáveres, todavía calientes, todavía completos. Ya se le ocurriría algo en casa.

Un gigante extraño

El azar es uno de los compañeros de juego de cualquier asesino en serie. De cualquier persona, en realidad, pero en el caso de los primeros, que juegue en su favor o en su contra puede acabar con la vida de aquellos que pasen por el lugar equivocado. En aquella ocasión el azar le sonrió, pero no podemos decir que, en general, Ed Kemper fuera un muchacho afortunado. Deleznable sí, pero no afortunado.

Vino al mundo en 1948 en el estado de California; pesó seis kilos. Y sí, su infancia fue dura, con una familia rota y totalmente falto de cariño; pero hay que reconocer que el joven Edmund puso de su parte para convertirse en mucho más que el «bicho raro» por el que todo el mundo lo tomaba.

Su padre era un veterano de la Segunda Guerra Mundial, de dos metros de altura. A Ed le encantaba escucharle relatar sus misiones a vida o muerte durante la contienda. Su madre también era muy alta, y la herencia de ambos le llevó a alcanzar los 2,06 metros y 130 kilos, que nunca vienen mal para un futuro asesino. Pero la felicidad –si la hubo– duró poco en ese hogar, ya que pronto empezaron las discusiones acaloradas y se separaron, definitivamente, en 1957. Ed se quedó con su madre, junto a sus dos hermanas.

Clarnell, era una mujer con un temperamento desequilibrado. Con frecuencia maltrataba verbalmente a su hijo, en público y con crueldad. Hay que reconocer que Ed echaba gasolina al fuego de Clarnell. Desde pequeño realizaba actos desconcertantes y enervantes:

- Con 10 años, enterró vivo a un gato; una vez que murió, lo desenterró, lo decapitó y montó la cabeza en una estaca, a la que dirigía sus oraciones.
- Realizaba ritos con las muñecas de su hermana menor que culminaron en quitarles la cabeza y las manos.
- Con 13 años, mató a otro gato siamés cuando observó que prefería a su hermana menor: le rebanó la tapa del cráneo con un machete.
- A los 13 años mató a tiros al perro de un compañero de clase.

Como resultado de todo eso, Clarnell decidió obligarlo a dormir en el sótano de la casa, que cerraba con llave. Al parecer, tenía miedo de que Ed pudiera abusar de sus hijas por la noche. Eso duró ocho meses, durante los cuales Ed no hizo más que alimentar sus ansias de venganza. Contra su madre, especialmente. Pero como la venganza, en realidad, se sirve muy caliente, hasta llegar a ella Ed iría bajando paso a paso en su particular escalera hacia el infierno.

Holocausto familiar

En un par de ocasiones se escapó Ed de su casa para ir a vivir con su padre, con la esperanza de ser tratado mejor. Pero, ya adolescente y con casi dos metros de altura, cada vez resultaba más incómodo; en ningún sitio lograba encajar. En su nuevo instituto, en su nuevo hogar, se quedaba parado, mirando con fijeza a sus compañeros, o a la pareja de su madre: una mole desconcertante, casi amenazante. Acabaron por mandarlo a casa de sus abuelos paternos, en una granja californiana.

Allí su comportamiento no mejoró. No es que fuera mal chico, sino que se mostraba hosco, tenso. Como muchos adolescentes, pensaremos. Pero, en el caso de Ed, dentro bullían pensamientos demasiado oscuros. La tomó con su abuela, con quien empezó a unirle una relación similar a la que tenía con su madre: desprecios, insultos, rencor. El 27 de agosto de 1964, Edmund explotó (por primera vez).

Se sentó con junto a su abuela Maude a la mesa de la cocina. Ella revisaba las pruebas de un libro infantil (era escritora). Él la miraba como tantas otras veces, con una mirada vacía o aterradora, según se quisiera interpretar. Ella le ordenó que se fuese, él dijo que se iría a disparar a unas ardillas. Maude se quedó tranquila, encorvada sobre la mesa; Ed salió y tomó el rifle. Volvió enseguida, encañonó por la espalda a su abuela y la disparó tres veces. Puede que también apuñalase al cadáver, no quedó claro. Cuando llegó su abuelo, antes de que viese su crimen, lo ejecutó de un disparo en la nuca. Sabedor de que si escondía sus cadáveres nadie iba a creer que se habían ido repentinamente de vacaciones, llamó a su madre y confesó. Ella le dijo que llamase a la policía.

Pasó algo más de cinco años en el Hospital Estatal de Atascadero, California, una institución para enfermos mentales. Allí declaró que «Solo quería saber lo que sentiría matando a mi abuela» y que disparó a su abuelo para evitarle el disgusto de saber lo que había sucedido. Esos años los pasó como un recluso modelo, inteligente, trabajador y colaborador. Por eso, cuando cumplió 21, nadie se atrevió a negarle su derecho a la libertad condicional. De Atascadero salía un Edmund renovado, un gigantón bonachón. El sistema funcionaba.

La caída a los infiernos

Kemper volvió con su madre, que lo recibió como si el tiempo no hubiera pasado: gritos, insultos, desprecios desde ambos bandos. Consiguió un trabajo y con esos ingresos intentó emanciparse. En ocasiones lo conseguía; otras, tenía que volver al seno materno porque el dinero no le daba. Tuvo un golpe de suerte: en su trabajo como guardavía de las carreteras de la zona, sufrió un accidente. Lo indemnizaron con una buena cantidad y con ella se compró un Ford Galaxie, un coche de amplísimo maletero.

Un Ford Galaxie como el de Ed Kemper.

Algo empezaba a bullir, de nuevo, en aquel corpachón.

Estamos en los años 70 en California, cerca de San Francisco, donde había que llevar flores en el sombrero, decía una célebre canción. Época jipi, de amor y desinhibición, de confianza juvenil, de autostop. Ed Kemper es un joven conservador, de fino bigotillo y vestimenta clásica, que mira con disgusto esa cultura, pero también fascinado por las oportunidades que ofrece. Se pasa el día trabajando por las carreteras comarcales. Recoge a centenares de mujeres jóvenes que hacen autostop. Las lleva educadamente a donde desean, es un gigante, pero un gigante apacible, que además porta en su maletero bolsas de plástico, cuchillos, mantas y esposas, para cuando llegue su hora.

El 7 de mayo de 1972 es el día de esa hora, la noche de su faro trasero roto. Por la tarde, a plena luz, había recogido a dos estudiantes de 18 años. Las sentó en su asiento trasero y las condujo hasta un bosque. Allí las apuñaló repetidas veces, hasta la muerte. Las llevaba en su maletero cuando se encontró con el agente. Pasado el susto –si lo llegó a tener– se dirigió a su casa, las fotografió desnudas y tuvo sexo con los cadáveres. Las decapitó y guardó sus cabezas un tiempo para aliviarse con ellas. Se deshizo de los cuerpos por un barranco.

En los meses siguientes, repitió ese *modus operandi* con otras cuatro jóvenes, cada vez con más depravación.

Orgía final

Ed Kemper podría no haber tenido freno, podría haber seguido matando y matando. Pero el 20 de abril de 1973, Sábado Santo, se enfrentó con su destino edípico. De noche, tras una fiesta, Ed llegó a casa donde su madre leía en la cama. Llevaba toda la semana rumiando un plan. Esperó a que se durmiera, entró en la habitación, la golpeó con un martillo y le seccionó la cabeza con una navaja. Se masturbó en ella y la utilizó como diana de dardos, entre otras atrocidades. En un último coletazo de depravación, la mañana siguiente invitó a la mejor amiga de su madre a casa y nada más llegar, la estranguló. Ocultó ambos cadáveres y se dio a la fuga. Condujo 1500 km en su coche, rodeado de armas y municiones, dispuesto a todo. Pero Ed se sintió cansado. De pronto, se dio cuenta de que seguir adelante carecía de sentido. Ya había matado a su madre, ya no le molestaría más. Misión cumplida. Era un buen chico y llamó a la policía.

LA CONSCIENCIA DEL MAL

El juicio de Edmund Kemper comenzó en octubre de 1973 y se extendió durante tres semanas. La defensa intentó plantear el caso como uno de locura, pero nadie pudo creer aquello. Ed Kemper era demasiado brillante, demasiado inteligente. Durante el proceso intentó suicidarse en dos ocasiones, cortándose las venas con un bolígrafo. El jurado lo condenó a muerte, pero en ese tiempo el estado de California estaba a punto de abolir la pena de muerte y se le conmutó por cadena perpetua.

Aún hoy, Kemper permanece en el Centro Médico de California, una penitenciaría solo para hombres. Durante los años 80 solicitó en alguna ocasión la condicional, que le fue denegada. En los últimos años ha renunciado a su derecho a revisión. Es consciente del escándalo de sus crímenes y afirma vivir feliz en la cárcel, entretenido y lejos de tentaciones. «La sociedad no está lista de ninguna forma para mí. No puedo culparlos por eso», dijo.

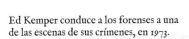

Ed Kemper conduce a los forenses a una de las escenas de sus crímenes, en 1973.

TED BUNDY

EL DISCRETO ENCANTO DE UN ASESINO

El caso de este violador es preocupante, no solo por sus crímenes, sino por lo que dice de una parte de la sociedad que ha llegado a dejarse asombrar por una supuesta capacidad de seducción. Mató a decenas de mujeres con todo el sadismo que podamos imaginar.

Frío y calculador, atractivo y seductor. Tan inteligente como pervertido en sus crímenes. No era un loco, tan solo un hombre sin sentido de la moral.

AÑOS EN ACTIVO
De 1974 a 1978.

MOTIVACIÓN
Sexual.

TIPOS DE VÍCTIMAS
Mujeres jóvenes y adolescentes.

NÚMERO DE VÍCTIMAS
20 confirmadas. Unas 40 atribuidas.

ESTATUS DEL CASO
Juzgado, considerado culpable de varios asesinatos y condenado a muerte. Fue ejecutado en la silla eléctrica.

¿QUÉ CAPACIDAD DE ATRACCIÓN PUEDE TENER UN HOMBRE QUE CONSIDERABA A LAS MUJERES COMO UN INSTRUMENTO PARA SU SATISFACCIÓN Y VENGANZA? ¿QUE LAS MATABA Y VIOLABA SIN MIRAMIENTOS? BUNDY FUE UN GRAN EMBAUCADOR.

—Era un tirano abusador y racista. Odiaba a los negros, a los italianos, a los judíos, a los católicos. Torturaba animales. Y coleccionaba pornografía en su invernadero.

Meses antes de morir, Ted Bundy se excusaba así ante la prensa por su actividad criminal, esa que lo llevó a asesinar a decenas de mujeres. Se refería a su abuelo, Samuel Cowell, un hombre un tanto excéntrico y bastante extremista que lo cuidó como si fuera su hijo. Literalmente. Durante buena parte de su infancia, Bundy creyó que él era su padre. Estamos ante otra de esas historias de joven adolescente que queda embarazada y cede la custodia a sus padres, a la vez que ella se convierte en la hermana mayor del bebé. Era la mejor manera de evitar la vergüenza de un hijo fuera del matrimonio, y lo que dijeron a amigos y familiares. Esa es la fotografía de nacimiento de Theodore Robert Cowell, en noviembre de 1946.

Otra instantánea curiosa de la infancia de este depredador llega tres años después. El pequeño Ted vivía en la casa familiar de Filadelfia, junto con sus padres/abuelos, su hermana/madre Louise y su hermana/tía Julia. Esta última, un buen día, se levantó de una siesta en un colchón rodeado de cuchillos de la cocina, cuyas puntas enfilaban hacia ella, y Ted a los pies de la cama, sonriendo. Por lo demás, creció como un buen chico, de notas estupendas y siendo un *boy scout* ejemplar. Tenía *sus cosas*, como todos.

En 1950, Louise dejó el hogar familiar, harta de los abusos de su padre, que la maltrataba a ella y a su madre. Se fue con Ted a la otra punta del país, al estado de Washington. Allí conoció a un cocinero de hospital con el que se casó y tuvo cuatro hijos. Se apellidaba Bundy y dio su apellido a su hijastro: con el tiempo, una pésima decisión desde el punto de vista publicitario.

El inicio del mal

El Ted Bundy adolescente
fue dejando más pistas.
Al joven le encantaba el
esquí alpino y, para costeárselo, elegía el camino más corto. Robó al menos dos
veces equipamiento, sustrajo vehículos, allanó moradas y falsificó *forfaits*. La
policía le abrió un historial, que sin embargo a los 18 años fue borrado, como era
costumbre en varios estados. Es probable que delinquiese muchas veces sin ser
sorprendido y que burlar a la policía «elevase» su autoestima hasta extremos
narcisistas. Si eres joven, guapo –lo era–, endiabladamente listo y con grietas en
tu sistema moral, los problemas están al caer.

Se matriculó en Psicología –eso es intuición– en 1965. Dos años después empezó
una relación sentimental con su compañera de clase Diane Edwards, una chica
también guapa, también lista y de familia mucho más rica. Todo un partido, de
quien pudo estar verdaderamente enamorado. Pero a esta chica de buena cuna
no terminó de gustarle la inconsistencia, la inmadurez y la falta de ambición
de su chico y lo dejó en 1969. Más tarde, los investigadores vieron este suceso
como un punto de inflexión, ya que a Bundy le dolió –todo lo que pueda sentirse
dañado un psicópata– y le condicionó en sus futuros actos.

A la par de su vida universitaria, Bundy inició un acercamiento a las filas del
Partido Republicano, como voluntario para recaudar fondos y similares. También
comenzó otro noviazgo con Elizabeth Kloepfer, una mujer divorciada y madre
de una hija. Y protagonizó una serie de actos que, pasado el tiempo, parecen
sacados de una comedia del absurdo:

- En 1971, trabajó en el teléfono de ayuda contra el suicidio de Seattle.
- Conoció a una agente de policía, futura escritora de novelas policíacas (y a la postre, autora de su biografía criminal). Ella lo definió, por su trato, como «amable, solícito y empático».
- El gobernador de Washington (que definió a Bundy como «inteligente y agresivo») lo propuso para el Comité Asesor para la Prevención del Crimen de Seattle.
- Volvió a conquistar el amor de Diane Edwards, y mantuvo en secreto su relación con Kloepfer. Nunca supieron la una de la otra.

Diane se había quedado prendada de aquel nuevo Ted, con una incipiente
carrera política, un hombre serio que parecía haber dejado atrás un pasado
diletante. Bundy la llegó a presentar como su prometida ante sus compañeros de

partido y hablaron de matrimonio... Pero, a primeros de 1974, Bundy completó su «jugada maestra»: de manera abrupta, cortó cualquier atisbo de relación con ella. Cuando al fin logró contactar con Ted, este le dijo con la mayor serenidad: «Diane, no tengo ni idea de lo que quieres decir». Más tarde confesó que todo seguía un plan preestablecido. Pretendía dos cosas: una, demostrarse que podía llegar a casarse con ella; la segunda, pero igual de importante, dejarla en la estacada y hacerle daño. Consiguió ambas cuestiones y, a partir de ese punto, todo se desencadenó.

Bundy, en la prisión de Florida en 1978.

Sanguinario y pervertido

Porque fue justo en enero de ese año cuando comenzó su deriva sanguinaria. ¿Fue por el éxito en su macabro plan romántico? ¿Por esa infancia desabrida? ¿Porque lo llevaba dentro y era cuestión de tiempo? Nunca se sabe con un psicópata. Lo que sí conocemos es que el 4 de enero se coló por la ventana de una residencia estudiantil. Era medianoche y golpeó a una mujer de 18 años hasta dejarla inconsciente. Con una barra del cabecero de la cama la violó. La encontraron al día siguiente, viva de casualidad, pero con graves lesiones en su cuerpo y cerebro, permanentes. No pudo aportar información a la policía. Pocos días después, accedió al sótano donde una estudiante en prácticas daba partes meteorológicos para los esquiadores y la agredió con brutalidad; pero esta vez la mató y enterró el cuerpo en un bosque. La encontraron un año después. Nadie estableció conexiones entre ambos ataques.

Bundy estaba exultante. Como años atrás con sus hurtos, había vuelto a dar esquinazo a la policía, y con algo mucho más excitante, en todos los sentidos. No solo no iba a parar, sino que estaba convencido de refinar sus hábitos delictivos y seguir adelante con más violencia. Ingenió un *modus operandi* sencillo pero efectivo (ver página siguiente).

El reguero de muertes entre universitarias siguió durante 1974. Bundy asesinó a decenas de mujeres en esos meses. Los ataques eran todos a mujeres jóvenes con un aspecto ligeramente similar: vestían pantalones vaqueros azules y llevaban melena larga con raya al medio. Exactamente el mismo peinado que Diane Edwards, el amor frustrado de Bundy.

Hacia mediados de 1974, cuando Ted ya había matado a varias mujeres con el mismo sistema, la policía estaba al

EL *MODUS OPERANDI* DEL PERVERTIDO

En buena parte de sus crímenes en el estado de Washington,
Bundy engatusaba a sus víctimas poniendo uno de sus
brazos en cabestrillo. Con el otro portaba varios libros
que amenazaban con caerse y pedía ayuda a alguna joven
para que se los llevase hasta el coche. En otras
ocasiones, fingía alguna avería en el auto hasta atraer
a una mujer. Entonces, abría el maletero, sacaba una
palanca y, tras cerciorarse de que no había nadie a su
alrededor, la golpeaba, la metía dentro (había quitado
los asientos traseros) y se la llevaba a otro lugar.

tanto del hombre del Volkswagen con el brazo en cabestrillo. Se empezaron
a atar cabos y el pánico cundió en Washington: el autostop entre jóvenes
mujeres casi desapareció. Los medios locales informaron de aquello y se alertó
del *modus operandi*. La misma Elizabeth Kloepfer, que aún seguía siendo
pareja de Ted, dio parte a la policía en tres ocasiones de que Bundy podría
ser sospechoso; pero los agentes recibían 200 avisos similares al día. Pasó
desapercibido: ¿cómo iba a despertar dudas un joven blanco, brillante, de buen
aspecto y con carrera política? Para más inri, Bundy era entonces subdirector
del Comité Asesor para la Prevención del Crimen de Seattle, donde escribió un
folleto sobre cómo evitar violaciones (con un evidente conflicto de intereses).

Más tarde, Bundy detalló auténticas atrocidades con sus víctimas. En un mismo
día asesinó a dos jóvenes. Llevó a la segunda donde había dejado malherida
a la primera y la estranguló delante de ella. Otras veces sodomizaba a las
mujeres, luego lavaba su cuerpo y cabello y las maquillaba. En ocasiones, tras
esconder el cadáver, regresaba al lugar semanas después para ver cómo se iban
descomponiendo. Si la putrefacción se lo permitía, las volvía a violar. Tomaba
fotografías de sus cuerpos travestidos: «Cuando trabajas duro para hacer algo
bien no quieres olvidarlo», llegó a decir. Se emborrachaba antes de asesinar,
para sedar cualquier asomo de conciencia que pudiera frenarlo. Y es que, ¿se
puede esperar un comportamiento «normal» en un psicópata asesino? La única
normalidad sería detenerse y entregarse a la policía, lo cual resultaría bastante
excéntrico desde su propio punto de vista.

Cuando la cosas por Washington se pusieron complicadas, viajó a otros
estados, donde continuó su desvarío criminal. Hasta que un día cometió un
fallo: una de sus víctimas logró escapar. Y, aunque no llegaron a vincular a
Bundy con el delito y siguió matando, esa mujer se convirtió en la clave para
encarcelarlo, llegado el momento.

Ese momento llegó el 16 de agosto de 1975. La policía ya estaba sobre la pista
de un Volkswagen escarabajo de color claro, un vehículo para un asesino

demasiado sobrado de confianza. En un control rutinario, lo pararon para comprobar su matrícula. Bundy se dio a la fuga, pero lo detuvieron poco después. En el vehículo se encontró una palanca de metal, esposas, cinta, un pasamontañas, objetos puntiagudos... El kit completo del violador.

Un final escabroso

Bundy fue conducido a prisión. Su primera acusación fue por intento de secuestro de aquella mujer que escapó. Fue condenado por ello, pero encontraron cabellos de otras víctimas en su coche y la acusación se amplió a varios asesinatos. El violador decidió despedir a sus abogados y defenderse solo, ya en 1977. Puede que fuera algo más que orgullo: le concedieron permiso para ir a una biblioteca a documentarse. Allí saltó por una ventana, y aunque se rompió un tobillo, logró pasar una semana en libertad, robando para subsistir. Hasta que lo capturaron cuando intentaba robar... otro Volkswagen. A finales de ese mismo año volvió a escapar; de una prisión en Colorado viajó hasta la soleada Florida. Por su cabeza no podía pasar más que seguir descargando su odio hacia las mujeres. En enero de 1978 entró al edificio de una asociación de estudiantes universitarias y atacó brutalmente a cinco mujeres, matando a dos. Un mes después acabó su fuga, tras un nuevo secuestro y violación de una niña de 12 años.

El final judicial de Bundy fue tan enrevesado como toda su carrera criminal. Aunque a priori negó todos los asesinatos, no tenía escapatoria y fue condenado a muerte. Aun sentenciado, hubo mujeres jóvenes que se cartearon con él, seducidas por su «encanto». Utilizó todos los recursos posibles para alargar su vida. El más perverso, ir confesando con cuentagotas otros crímenes no resueltos, detallando a la policía lugares de enterramiento. Así fue retrasando su ejecución, hasta enero de 1989. Las familias de las víctimas ya no quisieron seguir escuchando sus pistas falsas y atrocidades. Le esperaba al fin la silla eléctrica.

caso CERRADO

CHARLES SOBHRAJ

CRIMINAL PROFESIONAL, ASESINO. ESCURRIDIZO

En este libro abundan los locos asesinos, pero había que nombrar a un adicto a la delincuencia como este vietnamita-indio-francés, que desde joven se mostró como alguien ingobernable, predestinado al crimen. Le daba igual robar que matar: ¿cuál era la diferencia?

Verbo seductor, hermoso rostro y mente retorcida. Un hombre que buscó en el crimen su modo de vida desde joven. Los demás no importaban, eran fichas que mover para ganar dinero.

AÑOS EN ACTIVO
1975-1976.

MOTIVACIÓN
Económica.

TIPOS DE VÍCTIMAS
Cualquiera.

NÚMERO DE VÍCTIMAS
Alrededor de 12.

ESTATUS DEL CASO
En libertad por motivos de edad y de salud, tras pasar 20 años en la cárcel en India y 19 en Nepal.

¿QUÉ SUCEDE CUANDO EL CRIMEN SE TRANSFORMA EN TU MODO DE VIDA? UN EJEMPLO CLARO ES EL DE SOBHRAJ, QUE TOCÓ TODOS LOS PALOS DE LA DELINCUENCIA. MÁS QUE UN SANGUINARIO, ERA UN COMPLETO AMORAL, CONSCIENTE DE SUS ACTOS.

Charles Sobhraj es conocido como «la Serpiente» por su habilidad para escurrirse de la manos de la ley y de camuflarse.

LA BIOGRAFÍA CRIMINAL de Charles Sobhraj es imposible de resumir en estas páginas. Mientras que otros asesinos basan su carrera criminal en aparentar una existencia anodina, Sobhraj era un delincuente profesional que, entre sus múltiples «habilidades», contaba con el asesinato, como si fuera un extra en su currículum que le diferenciase de otros de su calaña con un poco más de escrúpulos. «Si alguna vez he matado u ordenado asesinatos, fue puramente por motivos comerciales, solo por trabajo, como un general en el ejército», llegó a decir en una entrevista. Su vida ha sido un constante ir y venir, entre Europa y Asia, entre la libertad y la cárcel. Y lo sigue siendo: en diciembre de 2022, cuando cumplía cadena perpetua en Nepal, fue liberado y puso rumbo a Francia con 78 años. Abrochémonos los cinturones, hablamos de Charles Sobhraj.

El niño que llamaba la atención

Hotchand Bhawnani Gurmukh Sobhraj nació en 1944 en Saigón, en la Indochina francesa (hoy Ciudad Ho Chi Minh, Vietnam), hijo de una campesina local y un rico comerciante indio. Este abandonó la pequeña familia poco después, algo que ella achacó a este nacimiento, al niño. Tiempo después, la joven se casó con un teniente francés afincado en Indochina, que consintió en adoptarlo pero no en darle su apellido. Ese matrimonio dio otros hijos que arrinconaron a Gurmukh, o al menos él se sintió así. En una familia de escasos recursos, él parecía la pieza que sobraba.

Un niño rechazado de esa manera termina haciendo «cosas» para llamar la atención. Para un niño desatendido, incluso la atención negativa resulta mejor que la falta de atención. Fue el caso de Gurmukh, quien desde temprana edad fue desobediente y mostró actitudes de futuro delincuente. Era un joven inteligente y carismático, pero su rendimiento escolar decaía y a menudo

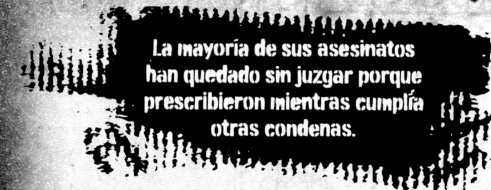

La mayoría de sus asesinatos han quedado sin juzgar porque prescribieron mientras cumplía otras condenas.

faltaba a la escuela. Cuando aparecía, Gurmukh resultaba un problema de disciplina para sus maestros. También hay que notar que Indochina estaba en guerra (la guerrilla comunista contra el colonialismo francés), por lo que el joven Sobhraj vio demasiados actos cruentos.

En 1953, su padrastro se llevó a toda la familia a Francia. Ingresó en un internado católico de París, donde pronto se convirtió en el blanco de bromas e insultos raciales. En aquella época se bautizó y cambió su nombre por del de «Charles», según se dice por lo bien que imitaba a Charlie Chaplin. Pero el nuevo Charles parecía rechazar al Viejo Mundo: él tenía idealizada la figura de su padre indio y quería volver a Asia. Con poco más de 10 años protagonizó escenas de película –una constante a lo largo de su vida–, escapando de su familia hacia Asia como polizonte en barcos mercantes, en varias ocasiones. Pero, cuando lo consiguió, el recibimiento por parte de su padre biológico no resultó el esperado . En realidad, nadie quería a aquel joven conflictivo que ya apuntaba algo más que maneras de lo que llegaría después.

Charles saltó de un lado a otro entre Oriente y Europa, sin sentirse cómodo en ningún lugar. Dondequiera que fuese, Charles llevaba sus actitudes psicópatas. De niño se le podían tolerar algunas, pero cuando llegó a la adolescencia, su familia decidió desentenderse de él, más asustados aún que preocupados.
Su vida criminal, esa que es imposible de resumir, estaba en la rampa de lanzamiento con mucha, demasiada pólvora. Solo, sin nadie a quien le importase su destino y con unos valores morales por los suelos, Sobhraj se aferró al crimen como forma de vida. No dudó, por ejemplo, en endosar cheques falsos a nombre de su hermana, quien lo acabó denunciando, aunque retiró los cargos. Pronto lo arrestaron por robo en París y fue sentenciado a tres años tras las rejas.

Recursos de criminal nato

Con 19 años entró a prisión, donde se desenvolvió con una soltura pasmosa. Se comportó de manera brutal y cruel; un adolescente medio asiático habría sido carne fresca para los depredadores de cualquier la cárcel. Sin embargo, Charles sabía kárate y tenía arrestos y arrogancia suficiente como para defenderse. Era joven, pero era su mundo.

LO QUE PUDO HABER SIDO Y NO FUE

La vida le ofreció una insólita
posibilidad a Charles Sobhraj. En la
prisión de Poissy, un joven adinerado
llamado Felix d'Escogne acudía cada semana
para ayudar a los prisioneros y brindarles compañía. Felix
se encariñó con Charles y este lo trató como su salvador y
un modelo a seguir. Surgió una curiosa amistad entre ambos.
Felix incluso trató de reconciliar a Charles con su familia,
con medianos resultados. Le proporcionó muchos libros, que
Charles aprovechó porque era un chico inteligente y, a su
manera, culto. La estabilidad emocional que le ofreció Felix
podría haber sido el clavo ardiendo de Charles. Cuando este
obtuvo la libertad condicional, se mudó con su amigo Felix.
Sin embargo, reanudó su estilo de vida criminal, pero de
manera más cautelosa. Fue una época en la que iba a caballo
entre dos mundos antagónicos. El inframundo parisino, el
natural para él y el de la alta sociedad en el que habitaba
Felix. De ese entorno sacó Charles un sorprendente partido:
se enamoró de Chantal, una joven hermosa de familia burguesa
y adinerada que no veía con buenos ojos que se relacionase
con aquel mestizo vietnamita. Pero Charles tenía el encanto
de lo exótico, un vocabulario rico y sugerente y, lo más
importante para una joven que quiere distanciarse de sus
conservadores padres, el aroma del riesgo y de la aventura.
Tardó demasiado en darse cuenta de hasta qué punto.

Aunque formalizó una relación con una joven adinerada (ver
arriba) de buena familia, su intento por reformarse –si es que
lo hubo– no llevó a otro sitio más que a volver a delinquir
y regresar a la cárcel. Para cuando salió, Chantal y él se
casaron, ella se quedó embarazada y decidieron huir –
la policía, de nuevo, estaba tras él por cualquier nuevo
chanchullo– en coche hacia Asia. Viajaron hacia Oriente
con documentos falsos y robando a quienes les daban
su confianza, entre otras estafas, y llegaron hacia 1970 a
Bombay, donde Chantal dio a luz a una niña.

Allí en la India, partiendo de cero, se hicieron un hueco
entre los franceses expatriados de alta cuna. A poco que se
rascase, Charles tenía un psicópata dentro, pero de primeras
aparentaba ser un joven buen conversador, afable e inteligente,
padre de una adorable bebé. Sin embargo, su medio de
subsistencia allí era el robo de coches a gran escala, por él
mismo o como mediador, lo que le proporcionaba grandes
beneficios económicos. Tantos que entró en una –otra más– de sus

perdiciones: el juego en casinos. En los peores tugurios apostó, y perdió, todo su dinero; las deudas impagadas se compensaban con la vida, así que Sobhraj elevó la apuesta y planeó y ejecutó esperpénticos y repetidos robos en joyerías para rehacer sus arcas. Tras alguno de ellos acabó de nuevo –y nos hemos saltado muchos capítulos por no resultar ya novedad– en la cárcel, de la que salió gracias a la fianza pagada por su padre.

Al salir, se dirigió con Chantal y su hija hacia Afganistán. En Kabul amasaron un buen capital en negocios turbios, hachís, más robos. Retomaron su hábito de robar a los turistas ganándose la complicidad de los jipis que cruzaban el país. Arrestado una vez más, Sobhraj escapó con una farsa marca de la casa: fingió una úlcera bebiendo su propia sangre, lo llevaron a un hospital donde drogó al guardia de seguridad y luego huyó a Irán, dejando atrás a su familia. Su mujer, que quería dejar atrás esa vida criminal, regresó a Francia y juró no volver a verlo nunca más.

Charles siguió su deriva delincuente por Turquía, por Grecia, por Nepal, por Tailandia, por India... El submundo de las drogas, los robos, el fraude y las falsificaciones no tenía secretos para él. Se hizo con un grupo de acólitos; en especial, una joven canadiense y un muchacho indio que lo trataron como a un profeta. Tan extenso fue su currículum que solo podemos detenernos en el trabajo que acabó con su arresto final (o casi). En Delhi, se ganó la confianza de un grupo de 60 estudiantes franceses en viaje de turismo. Les ofreció a todo ellos una pastilla contra la disentería. En realidad, su plan era esperar hasta que su droga les hiciese efecto y luego robar en sus habitaciones, pero las píldoras surtieron efecto demasiado rápido y, los estudiantes cayeron por los pasillos. Cuando algunos se dieron cuenta de que los únicos enfermos eran quienes tomaron la «medicina», un trío de estudiantes corpulentos derribó a Charles y mandó llamar a la policía.

El asesino del bikini

¿Y la sangre, y los asesinatos? Que nos devuelvan el dinero, podrían decir los más morbosos. Es difícil aislar esos crímenes del «día a día» de Sobhraj, porque tras él no había la necesidad imperiosa de matar, no satisfacía una necesidad sexual, ni sellar un fascinante trauma psicológico... Charles mató porque determinadas personas le molestaron en su camino. El patrón –si podemos llegar a llamarlo así– se asemeja mucho al siguiente: Sobhraj se hacía amigo de unos europeos que viajaban por alguno de esos países asiáticos fascinantes para los jóvenes occidentales. En la mayoría de las ocasiones le salía bien sin necesidad de sangre. Pero si las engañadas –solían ser mujeres jóvenes que conocía en la playa, de ahí su apelativo de «el asesino del bikini»– sospechaban algo y podían ponerlo en peligro, las mataba. Por lo general, las estrangulaba y podía llegar a quemar sus cuerpos; por supuesto, se quedaba sus pasaportes, que le resultaban muy valiosos. Se le atribuyeron 12 asesinatos en diferentes países, aunque diferentes investigaciones judiciales apostaban por más de 30.

El devenir judicial y carcelario de Sobhraj también resulta prolijo y asombroso. Aquellos policías indios lo llevaron hasta la justicia, que lo condenó a 12 años de prisión por el incidente de los venenos. Charles, que entró a la cárcel con joyas escondidas en su cuerpo, vivió a cuerpo de rey durante ese tiempo, con lujos sorprendentes como una biblioteca privada o deliciosa comida a discreción. Como Tailandia lo reclamaba por asesinato –y pedían pena de muerte–, antes de que se acabase su pena planeó una fuga –en connivencia con la cárcel– para alargar su condena. Salió en 1997, justo cuando sus crímenes allá habían prescrito y los testigos, desaparecido.

Volvió a Francia, donde se enriqueció dando entrevistas y vendiendo los derechos de autor de su vida para libros y películas. En un viaje a Nepal, donde aún se le acusaba de doble asesinato –él lo sabía, pero le pudo un exceso de confianza–, fue detenido en un casino. Era 2003 y lo sentenciaron a cadena perpetua. Allí se preveía que acabasen sus días. Incluso en 2017 sufrió una operación a corazón abierto. Aunque, por una vez, no era una estratagema para fugarse, aquello pareció ablandar el corazón de la justicia nepalí. Solicitó en varias ocasiones su excarcelación por motivos de edad y de salud, hasta que el 21 de diciembre de 2022 la Corte Suprema de Nepal ordenó su liberación tras 19 años entre rejas. Hoy sería posible encontrarlo paseando en algún rincón de Francia. Casi octogenario, es muy probable que Charles Sobhraj nos deje ir con vida.

caso CERRADO

HAROLD SHIPMAN

EL «DOCTOR MUERTE» TENÍA COARTADA

¿Se puede ser un asesino en serie despreciable sin levantar sospechas ni derramar ni una sola gota de sangre? Desde luego, si quien asesina es el mismo que certifica las muertes. Así hizo este médico inglés, que con seguridad mató a centenares de personas, sin razón aparente.

No dudaba en sentirse un ser superior. Arrogante entre los médicos y entrañable para sus pacientes. La muerte de su madre lo marcó para siempre.

AÑOS EN ACTIVO
1975-1998.

MOTIVACIÓN
Desconocida.

TIPOS DE VÍCTIMAS
Cualquiera.

NÚMERO DE VÍCTIMAS
215, al menos.

ESTATUS DEL CASO
Juzgado por 15 muertes y condenado a 15 cadenas perpetuas. La justicia le atribuyó más de 215. Se ahorcó en prisión en 2004.

POR INCREÍBLE QUE PAREZCA, SHIPMAN MATÓ DURANTE AÑOS SIN QUE LOS CONTROLES SANITARIOS LO DETUVIESEN. SOLO UN DETALLE DE AVARICIA LO DESCUBRIÓ. ÉL PODRÍA HABER SEGUIDO ASESINANDO EN SIGILO HASTA EL FIN DE SUS DÍAS.

Al final todo consistirá en que eso de jugar a ser dios, de determinar quién vive y quién muere, engancha. Quizá sea la razón última de todos los personajes que por aquí se concentran, la fundamental. «Tú terminas, yo continuo; que pase el siguiente». Luego habrá otros ingredientes, claro, cada cual los combina y cocina como quiere, o como puede, o como no tiene más remedio. Pero sí, en casos como el de Harold Frederick Shipman esa debe ser la razón. Si no lo es, entonces nos declaramos absolutamente perdidos.

La muerte de la madre

La historia del mayor asesino en serie del Reino Unido –hay voces que dicen que de la historia de la humanidad– comienza en 1946 en Nottigham, como hijo de una familia obrera y devotos practicantes del metodismo. Su madre, Vera, le dejó una huella indeleble los años que compartieron juntos; también para el resto de su vida, después de su muerte. Ella lo trató como a alguien especial –sí, todos los hijos lo somos, pero Harold más–, mas no solo por él mismo, sino en comparación con los demás. «Su Harold» era el más listo, el más fuerte... Ese sentimiento de superioridad caló en su hijo e incluso los vecinos se percataban de ello. Harold, alumno brillante en el colegio y atleta superdotado en las pistas de rugby y de atletismo se fue forjando en esa imagen erotómana de sí mismo.

La otra impronta que Vera le dejó a su hijo fue su forma de morir. Al igual que para su madre no había otro hijo como Harold, para este la muerte temprana de su madre fue dolorosa pero sublime, incomparable, *digna de recordar*, como la *Ascensión* de un pintor barroco. Vera desarrolló un cáncer de pulmón incurable en 1963. Los últimos meses supusieron un constante ir y venir del médico de cabecera, un pequeño dios con traje y maletín de cuero, convertido en confidente, amigo y alivio de la enferma. Sin posibilidades de sobrevivir, al menos sus visitas llevaban paz y calma a Vera, más que nada por las dosis de morfina que le proporcionaba. Sentado en la cabecera de la cama, aquel médico probo escucharía a su paciente mientras la química hacía su efecto y el rictus de dolor en los labios aflojaba y surgía el de alivio.

Todo aquello lo contemplaba admirado el adolescente Harold, la humanidad del médico, la magia de la morfina, el espectáculo de la muerte. Tomemos una fotografía del instante final, porque podemos aventurarnos a decir que de eso va este caso. De eso y de un asesino en serie en toda regla, claro.

Ladrón y asesino

La muerte de Vera produjo en Harold un doble sentimiento de orfandad. El normal de perder a una madre, y el del sustento de su excepcionalidad, de su superioridad frente a los otros. Dicen los que lo conocieron entonces, a modo de ejemplo, que cuando alguien contaba un chiste concedía una sonrisa de compromiso, displicente, como si tolerase la mediocridad de sus compañeros. Antes de salir de la adolescencia conoció a Primrose, otra chica reservada y de pocos amigos –al parecer, alguien tan encantada de conocerse como él–, se enamoraron, concibieron un hijo y se casaron con 20 y 17 años. Estuvieron juntos hasta el suicidio de Harold y tuvieron otros tres hijos.

El brillante alumno de secundaria Shipman se convirtió en un discreto estudiante de Medicina en la Universidad de Leeds. Se graduó en 1970 y poco a poco fue adquiriendo puestos de mayor responsabilidad, casi siempre en el entorno del norte de Inglaterra, donde se fue haciendo un nombre como médico de cabecera. Quizá fuera un hombre un tanto frío y orgulloso con los colegas de profesión, pero con los pacientes mostraba una faceta comprensiva y cariñosa. En esa época de consultorios médicos varios de sus compañeros se encontraron a un Shipman grosero a destiempo, a quien no le importaba menospreciarlos. Empleaba con frecuencia la palabra «estúpido» para describir a cualquiera que no le agradase. Parecía disfrutar con el conflicto y el enfrentamiento, siempre dándose la razón, incluso con los médicos más experimentados.

Es difícil señalar cuándo comenzó a matar Shipman, pero sabemos que a mediados de la década de 1970 ya lo hacía. Un asunto oscureció entonces su carrera, que con la distancia del tiempo adquiere un valor añadido al que se le concedió. En 1975 detectaron que Shipman expedía grandes cantidades de petidina –una sustancia similar a la morfina– a pacientes que no la necesitaban o que no la recibían. Se la quedaba él, al parecer porque era adicto a dicho fármaco.

Shipman certificó en 25 años
la muerte de 521 personas
(300 veces más que el
siguiente médico en el Reino
Unido).

Hoy quedan dudas de si estaba realmente enganchado o ya había empezado su deriva criminal; o quizá fueran ciertas ambas cuestiones. Lo que sí sucedió fue que tuvo que dejar la medicina y acudir a un centro de rehabilitación de drogas durante dos años. Transcurrido ese tiempo recibió una pequeña multa por sus falsificaciones y volvió a la práctica médica.

Shipman pasó casi 20 años por las consultas de la zona norte de Inglaterra, hasta que en 1993 abrió la suya propia en Hyde, una localidad del extrarradio de Mánchester. Y allí, fuera de las miradas de sus colegas, se sintió libre –más todavía– para aplicar su pulsión asesina.

El descubrimiento

Llegamos a 1998 y los muertos a cargo de Shipman se acumulaban a centenares, pero eso solo lo sabemos nosotros y, por supuesto, el infame doctor. Su sistema *funcionaba*. Es cierto que el responsable de la funeraria local notó que los pacientes de Shipman morían a un ritmo bastante alto y que, cuando llegaba, los fallecidos exhibían poses similares: la mayoría, del todo vestidos y sentados en un sofá. Se lo comentó a Shipman, quien echó balones fuera. Al poco, otra colega médica volvió a sospechar y alertó a la policía. Se abrió una investigación que no llevó a ningún sitio. El sistema Shipman, decíamos, funcionaba. Y el sistema consistía, básicamente, en administrar morfina a discreción hasta causar la muerte del paciente, que en la mayoría de las ocasiones ni era terminal ni observaba una enfermedad grave. Shipman –quien para los pacientes era Fred, hipocorístico cariñoso de su segundo nombre– falsificaba el motivo real de la muerte –la sobredosis– y aducía un infarto o cualquier otro motivo, con lo que el propio autor de la muerte se proporcionaba la coartada perfecta. Luego intentaba convencer a los familiares –si no lo había hecho ya antes con el paciente– de que la mejor forma de enterramiento era la cremación. Un sistema que no dejaba huellas.

Pero, como muchos asesinos de *crímenes perfectos*, al final un pequeño detalle lo arruina todo. O quizá en este caso no fuera tan pequeño; tal vez, un

Prisión de Wakefield, donde Harold Shipman fue encarcelado.

insólito gesto de avaricia en el aleatorio proceder de Shipman. En junio de 1998 encontraron muerta –horas después de la pertinente visita del doctor, a quien se sentía muy unida– a una mujer de 81 años, antigua alcaldesa de la ciudad, una señora acaudalada y con salud de hierro. Se descubrió que poco antes de morir había cambiado su testamento, de cerca de 400 000 libras (una fortuna entonces) en favor del doctor Shipman. Su hija, una abogada de prestigio, quedó tan anonadada que alertó a la policía. Y esta vez, al tirar del hilo, encontraron la madeja. Se practicó una autopsia al cadáver, que arrojó elevados índices de morfina suministrados horas antes de la muerte. Se analizó el testamento y se llegó a la conclusión de que había motivos para sospechar de él: carecía de huellas dactilares de la señora Grundy. Se procedió a registrar la casa de la familia Shipman, donde encontraron registros médicos, una extraña mezcla de joyas y una máquina de escribir con la que se hizo la última versión del testamento de la finada. Tal avalancha de pruebas indicaba dos cosas:

- Que la muerte de la señora Grundy no había sido accidental.
- Que si había existido ese caso... ¿Cuántos más se podrían demostrar?

Había otros 14 cuerpos de pacientes fallecidos que Shipman no había conseguido que incinerasen: permanecían enterrados en ataúdes y fueron exhumados. El 7 de septiembre de 1998 la policía acusó a Shipman de 15 asesinatos, así como de un cargo de falsificación.

El juicio

La imagen que se tenía de Shipman en el vecindario de Hyde era la que vendía a sus pacientes: un médico cariñoso, de confianza, que estaba cerca de aquellos que más sufrían. Justo como aquel doctor que atendió a su madre hasta poco antes de morir. Por eso su arresto sacudió tanto a la comunidad; ni su esposa

EL DOLOR CON EFECTO RETARDADO

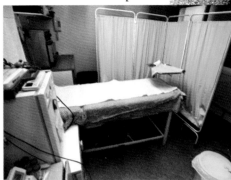
Interior de la consulta de Shipman.

Es curioso pensar esto: los crímenes del mayor asesino en serie del Reino Unido no causaron repulsa e indignación en un primer momento, como sí sucede con la mayoría de sus compañeros en este libro. O, al menos, no el dolor que sobreviene cuando un loco arrebata a un ser querido sin más razón que su propia voluntad. Sus víctimas se iban por muerte natural, porque les había llegado su hora, porque el Señor los había llamado a su seno, se podía elegir. Sin embargo, con Shipman el dolor y la rabia llegaron en diferido, cuando el luto se creía pasado. Conviene pensar en el momento en que esas familias salieron de un engaño de meses o años -durante los cuales creyeron que sus padres, sus tíos, sus abuelos murieron en paz- para darse cuenta de que Shipman los asesinó. Esas cosas que siempre les pasan a los demás y que un día, al abrir el periódico o al abrir la puerta a una pareja de investigadores de la policía, te explotan en la cara. El crimen con efectos retardados.

ni sus hijos daban crédito, daban por hecho que todo debía de ser un error. El juicio, que comenzó en octubre de 1999 y se extendió durante casi cuatro meses, se convirtió en todo un acontecimiento mediático.

Shipman no dio muestra alguna de arrepentimiento y mantuvo un férreo mutis durante todo el proceso. Solo llegó a decir, durante la instrucción, que él era «un ser superior» y que mantenía una «voluntad de control sobre la vida y la muerte». Pero no hubo respuestas a la pregunta que atormentaba a los familiares: ¿Por qué mataba Shipman? No era por poder, por dinero –lo de la señora Grundy se demostró como la excepción y las joyas robadas apenas tenían salida–, no había sadismo sexual, no había sangre.

CASO CERRADO

La investigación demostró que Shipman certificó en 25 años la muerte de 521 personas (300 veces más que el médico que más certificados había expedido en el Reino Unido). Se estimó que había 215 muertes seguras causadas por él, posiblemente más. Pero aquel juicio solo investigaba aquellas 15 muertes, por las que recibió 15 cadenas perpetuas. En la cárcel se dedicó a traducir al braille textos para ciegos. El 13 de enero de 2004, al amanecer, Harold Shipman se ahorcó de las rejas de su ventana con las sábanas de su cama.

ANDRÉI CHIKATILO

LA IMPOTENCIA TRANSFORMADA EN FURIA SÁDICA

En las distancias cortas era un hombre manso y apocado. Sus alumnos se reían de él, les parecía un maestro bobalicón, sin carácter ni carisma. En realidad, él se sentía inferior a todos por su impotencia sexual, pero el asesinato lo redimía: era el carnicero de Rostov.

Hombre correcto en el trato e inteligente. Totalmente acomplejado. Se valía de su apariencia inocente para atraer a sus jóvenes víctimas.

AÑOS EN ACTIVO
De 1978 a 1990.

MOTIVACIÓN
Sexual.

TIPOS DE VÍCTIMAS
Jóvenes y adolescentes, en su mayoría mujeres.

NÚMERO DE VÍCTIMAS
52 confirmadas, posiblemente 56.

ESTATUS DEL CASO
Juzgado, culpable de 52 asesinatos y condenado a muerte. Fue ejecutado con un tiro en la nuca.

UN HOMBRE DE CARÁCTER DÉBIL PUEDE SER UN HOMBRE MUY PELIGROSO. ES EL CASO DE CHIKATILO, QUIEN ACOMPLEJADO POR SU IMPOTENCIA SE DEDICÓ A MATAR A JÓVENES Y DESMEMBRAR SUS CUERPOS PARA ALIVIARSE.

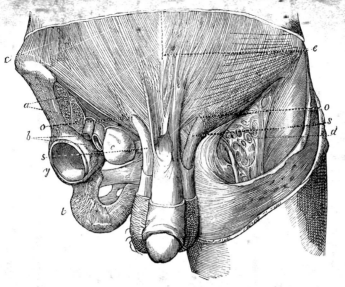

En su juicio, Andréi Chikatilo asistía a las sesiones encerrado en una jaula de barrotes blancos –color hueso, matizaría el asesino–. Podríamos pensar que para proteger a la multitud de un sádico irrefrenable. No, quizá hayamos visto demasiadas películas de los años noventa. El carnicero de Rostov declaraba desde una jaula para protegerlo de la ira de las familias a las que había destrozado la vida: demasiado odio por metro cuadrado en aquellas gradas, también irreprimible, bien ganado.

Malos tiempos

El peor, el más abyecto de los asesinos en serie de la extinta Unión Soviética, nació en 1936 en lo que es hoy una provincia del nordeste de Ucrania. Mala época para criarse. La entonces República Socialista Soviética de Ucrania salía, o intentaba salir, del Holomodor, la gran hambruna que acabó con la vida de millones de personas entre 1932 y 1934. Y le esperaba la invasión del ejército alemán en 1941, que cometió todo tipo de atrocidades. Según afirmó años después el asesino, su madre le contaba que antes de nacer él tuvo un hermano, llamado Stepan, que con cuatro años había sido secuestrado, desmembrado y comido por los vecinos, a causa del hambre. Pudo ser una historia inventada por su madre para que no se fuera lejos; o un cuento inventado por él para sensibilizar al jurado. En cualquier caso, dista mucho de ser la infancia deseada; pero niños como Andréi los había a miles.

Sus padres eran campesinos, hasta que el Ejército Rojo llamó a filas a su progenitor durante la Segunda Guerra Mundial. Su madre y él, que ya vivían en la pobreza, bajaron otro peldaño en la escala de la miseria. Tenían que compartir cama, que Andréi siguió mojando hasta los 12 años. Su madre se enervaba con él, lo golpeaba y lo escarmentaba en público. Para entonces, ya había nacido su hermana, siete años menor, en plena guerra. Su padre seguía en el frente: posiblemente la madre hubiera sido violada por un soldado nazi.

Un soldado soviético en un bosque, durante la Segunda Guerra Mundial.

Todas estas circunstancias ayudaron a hacer de Andréi un niño pusilánime y gris. En el colegio se reían de él por sus maneras, por su rampante miopía, por ser un excelente estudiante cuyo único refugio eran los libros. Él fantaseaba con llevarse a sus compañeros al bosque y darles su merecido en sangre. Una quimera, por cierto, bastante usual entre los jóvenes de la época, que soñaban con hacer lo mismo con los soldados alemanes que asolaban el país. Pero fantasías hemos tenido todos: como Chikatilo ha habido pocos.

Su padre regresó a casa. Lejos de considerarlo un héroe, la sociedad lo estigmatizó –como a tantos otros en su caso– por haberse dejado capturar por el enemigo. Más burlas para el pequeño Andréi, quien sin embargo también señaló a su padre. Se asomaba a la adolescencia cargado con una mochila de humillaciones y complejos. El principal, sin embargo, estaba al caer. En esa época descubrió que era incapaz de tener una erección. Quizá no fuese todo psicológico, quizá tuviera que ver con su eneuresis, la que le hizo mojar la cama, debido a una hidrocefalia infantil. Pero esa fue la gota –vaya– que colmó el vaso del frágil entramado psicológico del joven. Su relación –o la falta de ella– con las mujeres se convirtió en algo lacerante para él.

Matrimonio de conveniencia

Podemos señalar un pistoletazo de salida, o acaso un mínimo tráiler de lo que estaba por llegar: con 18 años, discute con una amiga de su hermana, de 11 años, la tira al suelo y en la refriega, eyacula. Andréi escribe una nota mental: esto es lo que me da placer, la pócima contra mi mal. Volverá a ella llegado el momento. Esos años los pasó enfrascado en la burocracia del Partido Comunista, en el que se inserta con éxito. Pese a sus altas notas, no llegó a aprobar el examen de acceso a la universidad y empezó estudios de técnico de comunicaciones. Entabló alguna relación con mujeres, pero acabarían dejándolo. Seguía siendo impotente y eso trascendió a su familia y amigos. No soportó el escarnio e intentó ahorcarse, pero su madre y algunos vecinos lo impidieron.

Por suerte –o por desgracia, quién sabe– Chikatilo tenía una hermana empeñada en casarlo. Y no sin esfuerzos arregló un breve noviazgo de dos semanas de Andréi con una joven llamada Feodosia. Era el año 1963 y se casaron. Dos años después tuvieron un hijo y en 1969, otro. Chikatilo introducía su semen con los dedos en la vagina de Feodosia.

En los años 70, Chikatilo cambió de oficio. Logró convertirse en maestro y empezó una carrera en la ciudad de Novoshakhtinsk. Pero a esas alturas de su vida, fue como poner al zorro a cargo del gallinero. El contacto con la juventud lo excitaba, su interior bullía. Por fuera, sin embargo, su apariencia era la de un hombre manso, tibio. Era incapaz de ejercer influencia alguna sobre sus alumnos, quienes se reían de él, primero a sus espaldas y después, abiertamente. Eso le molestaba menos a Chikatilo que aquello que le proporcionaba: la oportunidad de espiar a las niñas en sus cuartos de baño, mientras se masturbaba. Incapaz de parar, fue a peor y protagonizó agresiones sexuales con jóvenes de ambos sexos. Cuando era descubierto, lejos de cursarse una denuncia, lo mandaban a otra escuela: una vieja historia. Su carrera como docente acabó solo en 1981, cuando se acumularon tantas pruebas contra él que lo despidieron de su última escuela, en la zona de Rostov. Daba igual: su espiral de sangre y depravación había nacido tres años atrás.

Asesinatos compulsivos

El 22 de diciembre de 1978, Chikatilo estaba sentado junto a una niña de nueve años en una marquesina, esperando un tranvía. Con esa edad es fácil engañar un niño y más si estás a punto de convertirte no ya en un pervertido –que lo era– sino en un asesino. La llevó junto a una pequeña choza de su propiedad junto al bosque, la violó y la mató, causándole gran placer. Fue un asesinato sucio, quedaron huellas; además, algunos testigos los vieron juntos. Pero había otro delincuente sexual con antecedentes por asesinato por la zona que podía casar con las descripciones. Encontraron sangre en la choza de Chikatilo, pero su mujer testificó que habían pasado todo el día juntos. Condenaron al otro hombre a muerte y a Chikatilo le dieron vía libre para matar a otras 51 (o más) personas.

Pasaron tres años hasta su nuevo crimen. Para entonces ya tenía nuevo trabajo, uno que le obligaba a viajar mucho, circunstancia que aprovechó en beneficio propio (y perjuicio ajeno).

En 1981 llevó al campo a una joven vagabunda que le pedía dinero. Cuando la atacó con su navaja y vio la sangre brotar de las heridas, eyaculó involuntariamente, como le había pasado tiempo atrás. Ya le quedaban tan pocas dudas sobre qué le satisfacía como ganas de contenerse. En esa ocasión, además, extrajo los órganos sexuales, los mordisqueó y los tiró en el camino. Otras veces abría el útero y ahí depositaba semen. Su catálogo de atrocidades fue aumentando y van más allá de lo que ahora intenta evitar pensar el lector.

Repitió el que fue su *modus operandi*. En las estaciones de trenes y en los autobuses se ganaba la confianza de sus jóvenes víctimas. Con las vagabundas o prostitutas le resultaba más fácil con la promesa de pagarles por el servicio. A veces se quedaba con el rostro de alguien y estudiaba durante días sus movimientos y sus horarios, hasta que se interponía en su camino y procedía al ataque. Y, por supuesto, no desdeñaba las oportunidades azarosas que el destino ponía en sus manos. Ni siquiera hacía distingos en cuanto a sexo, aunque predominaban las mujeres; en cualquier caso, los chicos «sangraban igual de fácil que las niñas».

Así sucedió en al menos 52 ocasiones, seguramente más, hasta 1990.

Confusión de sangre

El reguero de cadáveres por la zona de Rostov siguió creciendo. La policía empezó a atar cabos y un hecho estuvo a punto de hacerles detener a Chikatilo. De hecho, lo hicieron, pero por un robo que había perpetrado en su empresa. Se cruzaron datos y todo parecía concordar. Sin embargo, la suerte favoreció al asesino. Se sabía que la sangre del asesino era del tipo AB, pero el análisis de la de Chikatilo arrojó que la suya era del tipo A. Si hubieran tomado muestras de su esperma, habrían encontrado que su sangre correspondía con el tipo AB, ya que los antígenos B no aparecían en la sangre en cantidades suficientes para ofrecer una coincidencia positiva. Pasó tres meses en prisión tras el robo. Después de medio año, volvió a matar, con igual desmesura.

Hasta entonces, la política de la URSS había jugado en su favor: poca información mediática para no asustar a la población más de lo necesario. No se había generado un alarma social muy grande. Sin embargo, desde 1989, la llegada de la *glasnost* promovió una mayor libertad en los medios y la presión social aumentó; también el ritmo de los asesinatos de Chikatilo. La policía estaba muy exigida y aumentó sus recursos. Hasta que la suerte dejó de sonreírle.

En noviembre de 1990, tras cometer el que sería su último crimen, fue avistado por un policía saliendo a hurtadillas de un bosque. Este le pidió su documentación, dejándolo marchar. Días después, se descubrió el cadáver

VIAJES TRUCULENTOS

En los meses posteriores a su confesión, los
investigadores llevaron a Chikatilo por todo el país
(por entonces, ya Rusia) con el fin de visitar las
escenas de los crímenes. Y fue muy preciso, no solo en
la localización, sino también en su recuerdo de horas,
fechas, vestimenta de las víctimas y qué cuchillo
había empleado. Mostró su método de ataque por medio
de un maniquí y enseñó cómo se apartaba para evitar
que la sangre le salpicase. Durante esos viajes,
Chikatilo recordó a otras víctimas con las que no se
lo relacionaba.

y lo arrestaron. Esta vez sí que se analizó su semen, que arrojó un tipo
sanguíneo AB.

Eso significaba pruebas firmes. Y aunque durante días Chikatilo negó
cualquier crimen (a excepción de los abusos ya documentados) a finales
de noviembre, un lloroso Chikatilo confesó que él era el carnicero de
Rostov del que hablaban los periódicos. Al principio, admitió 36 asesinatos,
pero pronto modificó la cifra a 56. Debido a la falta de pruebas, «solo» hubo
cargos por 53.

El juicio comenzó el 14 de abril de 1992 y se prolongó durante seis meses: fue
el primer gran evento mediático de la Rusia postsoviética. La disposición de
Chikatilo durante la mayoría del proceso fue desafiante y desconcertante. A
veces guardaba prolongados silencios; otras, se quejaba de la «radiación»
que había en su celda; a menudo cantaba canciones del Partido
Comunista, sin venir a cuento; y siempre se presentaba como un loco
sin freno por lo que se habían reído de él debido a su impotencia. En
un momento se quitó la ropa y agitó su pene a la multitud gritando:
«Miren esta cosa inútil, ¿qué creen que podría hacer con eso?».

La defensa de Chikatilo argumentó que la propia naturaleza salvaje
de los asesinatos implicaba que el criminal estaba loco. El juez
y el jurado no estuvieron de acuerdo. «Teniendo
en cuenta las horribles fechorías de las que es
culpable,» el juez resumió, "este tribunal no
tiene otra alternativa que imponer la única
sentencia que se merece. Por lo tanto, lo
condeno a muerte». En enero de 1994, en
la prisión de Novocherkassk, Chikatilo fue
ejecutado de un solo disparo en la nuca.

caso
CERRADO

JEFFREY DAHMER

EL MONSTRUO DE MILWAUKEE

En julio de 1991, Estados Unidos se estremeció por la detención de un asesino que había matado a 17 hombres. Todos ellos, por sexo. Los desmembró e incluso a algunos se los comió. Lo detuvieron por un error suyo. Nadie, hasta entonces, había atado cabos.

Todo un psicópata. Trataba de sublimar sus pulsiones homosexuales en hombres a los que consideraba como cosas. Salvaje y necrófago bajo un halo de buen chico.

AÑOS EN ACTIVO
De 1987 a 1991.

MOTIVACIÓN
Sexo y necrofilia.

TIPOS DE VÍCTIMAS
Varones jóvenes y adolescentes.

NÚMERO DE VÍCTIMAS
17.

ESTATUS DEL CASO
Juzgado, considerado culpable de 17 asesinatos y condenado a 16 cadenas perpetuas. Murió asesinado en la cárcel.

LA POLICÍA ESTUVO CERCA DE PILLARLO IN FRAGANTI EN UN PAR DE OCASIONES, PERO POR DEJADEZ LO DEJARON IR. PARECÍA UN BUEN CHICO: BLANCO, RUBIO Y DE OJOS AZULES. LOS PREJUICIOS NO LEYERON SU MENTE PODRIDA.

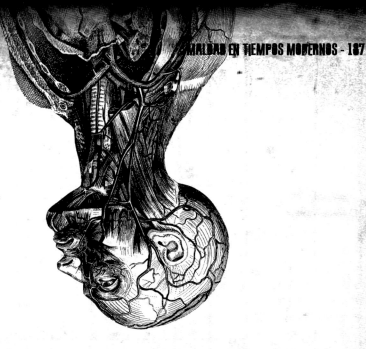

A Jeffrey Dahmer le pusieron el apodo de «el caníbal de Milwaukee» o «el monstruo de Milwaukee» y los caníbales de tiempos remotos se removieron en sus tumbas y los monstruos que habitan en los armarios infantiles salieron a quejarse. Y llegado el caso, el gremio de los carniceros se habría puesto en huelga sumiendo en hambre al carnívoro Medio Oeste americano, pero la imaginación de los medios estadounidenses se contuvo con los dos primeros apelativos. Comprenderíamos a cualquier colectivo. Que te comparen con Dahmer es execrable. Para cualquiera.

Un comienzo bastante normal

Podríamos empezar con la típica historia del niño rarito y tímido, impregnado en mil y un traumas, pero no. O no tan rápido. Porque el pequeño Dahmer nació (1960) en una familia de clase media y era espabilado, extrovertido y juguetón. Sin embargo, el trabajo de su padre lo llevó a sufrir varias mudanzas, que lo obligaban a partir de cero en sus relaciones con otros niños. Eso de ser continuamente «el nuevo de clase» sí que empezó a hacerle mella. Sus padres intentaban que Jeffrey trabase nuevas amistades, pero esto tuvo un efecto contrario y el joven inició una fase más huraña y reconcentrada. De acuerdo: ahora sí tenemos un chico rarito y solitario. Quizá porque el mundo me hizo así, diría en su descarga.

Jeffrey entró en el terreno minado de la adolescencia con una nueva pasión: desmembrar animales muertos. No es algo que conduzca obligatoriamente a los infiernos. Hasta en los colegios se nos ha obligado a hacerlo, bajo el concepto más admisible de estudio de anatomía. Y aquí estamos, escribiendo sobre crímenes execrables, ganándonos la vida de una manera limpia. Lo cierto es que Jeffrey empezó con un perro muerto encontrado cerca de casa, así que nada de echar la culpa al profesor de Naturales. Se le daba bien separar carne y huesos y excitaba su curiosidad. Solo eso, de momento.

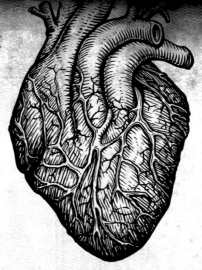

La adolescencia también le dio para recuperar parte de su sociabilidad haciéndose el gracioso, imitando a compañeros o a discapacitados mentales (¿?). Algo estaba mutando en ese chico alto, rubio y que apuntaba a guapo. Por ejemplo, empezó su afición al alcohol (desmedida) y a fumar hierbas. Y se dio cuenta de que era homosexual. Y de que el deseo sexual se apoderaba de él y no tenía con quién, al menos, hablarlo. Así que empezaron a surgir en su cabeza fantasías de posesión y dominación de hombres. De dominarlos hasta matarlos. Pero eran solo fantasías. Al igual que con el desmembramiento de animales, no nos pongamos en lo peor. Aún.

Aunque no nos hagamos ilusiones. El primer asesinato de Dahmer llegó en 1978, con apenas 18 años y sin premeditación. Fue verdaderamente horrible (ver a la derecha), pero estaba a tiempo de no convertirse en un asesino en serie. De hecho, pasaron ocho años hasta su siguiente crimen. ¿Qué sucedió en ese tiempo? Acudió a la universidad, se apuntó al ejército, sin continuidad en ambos frentes. Dejó la bebida. Se fue a vivir con su abuela. Robó un maniquí para satisfacer sus fantasías sin dañar a nadie vivo. Pero ya no era suficiente. Algo iba a aflorar de una vez por todas.

A mediados de los años ochenta, los bares de ambiente gay empezaban a ser comunes. También en Milwaukee. En uno de ellos conoció a un hombre joven, el 20 de noviembre de 1987. Lo convenció para pasar la noche juntos en un hotel. Lo drogó. Cuando a la mañana siguiente despertó, yacía a su lado, muerto, con el pecho aplastado y unos finos hilos de sangre saliendo por la comisura de los labios. Posteriormente, Dahmer declaró que no sabía lo que había sucedido y fue el único de sus 17 asesinatos por el que no lo

Jeffrey, en su orla del instituto.

ASÍ EMPEZÓ EL HORROR

Sus padres ya se habían separado. Él vivía con su madre; ese fin de semana ella se había ido fuera con su nuevo amante. Jeffrey estaba solo con todas sus pulsiones. O no del todo. Se fue a un bar a combatirlas, como siempre, con alcohol. A la vuelta, ya de madrugada, vio un autoestopista por la carretera. Le pareció muy atractivo y lo invitó a su casa a fumar hierba. Aceptó y estuvieron varias horas hablando, bebiendo y escuchando música. Cuando Dahmer se insinuó, el joven no accedió y quiso irse. Dahmer lo golpeó con una mancuerna de 5 kg; en el suelo, lo estranguló con ella. Lo desnudó, lo acarició y se masturbó sobre él. Más tarde, llevó el cuerpo al sótano y lo diseccionó como a su perro: huesos por un lado, carne por el otro. Excitado, volvió a masturbarse. Lo enterró en una tumba que excavó en el patio.

Semanas después, lo pensó mejor. Desenterró los restos y disolvió en un ácido la carne. Tiró el mejunje final por el inodoro. Los huesos los metió en un bolsa, los aplastó con un mazo hasta dejarlos en trozos muy pequeños, casi polvo. Los repartió por un bosque cercano, donde fueron esparcidos por el viento.

condenaron. Una cosa sí que tenía clara: a partir de ese momento no veía a las personas como personas, sino «como objetos de placer».

El *modus operandi*

Dahmer sí contó cómo se deshizo del cadáver: compró una maleta enorme, metió allí el cadáver, lo llevó a casa de su abuela y despedazó el cadáver. Los huesos, por un lado; la carne, por otro. Tenía experiencia. La carne se arroja a la basura y se pudre, los huesos se muelen y se esparcen. La cabeza se la quedó. La hirvió en álcali y lejía para conservarla. Se masturbó con ella hasta que aquel tejido oseo no dio para más; lo trituró y pulverizó. Este *modus operandi*, con variaciones, se repitió en lo sucesivo.

En 1988 mató a otros dos hombres calcando el procedimiento anterior. Pero su abuela empezó a «incomodarlo» por su modo de vida: porque se emborrachaba y llevaba a hombres a altas horas de la madrugada. En lo que no se fijó fue en que no salían... Todo esto condujo a que Dahmer se independizase, lo cual no hizo sino acelerar el ritmo de sus ataques.

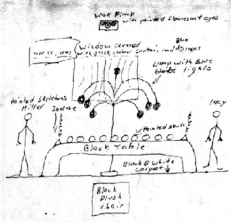

Dibujo en el que Dahmer detalló el altar que pretendía construir con los restos de sus víctimas.

Antes de acabar ese año, Dahmer fue arrestado por drogar y abusar sexualmente de un niño de 13 años, al que tomó fotografías desnudo. Pensará el lector: fin de la historia. Pero no. Recordemos: 17 asesinatos. Faltan 13. Simplemente, Dahmer fue condenado a cinco años de libertad vigilada y a pasar un par de meses en una especie de reformatorio para delincuentes sexuales. Durante la instrucción del juicio, siguió matando. En esta ocasión, momificó los genitales de su víctima.

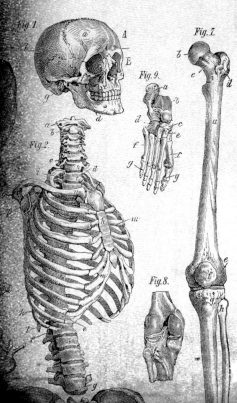

En 1990 mató a cuatro hombres. En este período, incorporó una novedad a su catálogo de horrores. Separaba algunos órganos y los conservaba para comerlos después. El caníbal de Milwaukee. También comenzó a fotografiar el proceso de desmembramiento con una Polaroid.

En 1991, el apocalipsis (por cantidad; más depravación era imposible, aunque se esforzó). Ocho asesinatos en cinco meses. En algunos de ellos, ya no solo los drogaba, sino que les perforaba el cerebro para verter ácido clorhídrico, con la esperanza de convertirlos en zombis: muñecos vivos pero sin voluntad con los que satisfacerse. También planeó construir un altar con las calaveras y los huesos. Fue una de las razones por las que elevó la frecuencia de sus asaltos.

Tarde, pero el fin

En su vecindario se le consideraba un joven educado y amable. Eso sí, se le reprendió en ocasiones que de su apartamento emanaban olores fétidos y se oían golpes secos y ruidos como de sierra mecánica. Dahmer se disculpaba, pidiendo perdón, y justificándose con un congelador averiado, o con la muerte de sus peces tropicales del acuario. Carne muerta, sí, pero inocente. Esa partida la ganó.

La policía estuvo cerca de descubrirlo en ocasiones, pero por dejadez o incompetencia, no lo hicieron. Sin embargo, el ritmo frenético de sus crímenes amenazaba con dejar algún fleco suelto. Eso ocurrió el 22 de julio de 1991. Una de sus víctimas consiguió escapar del apartamento de los horrores. Se cruzó con una patrulla de policía que lo vio en paños menores y esposado. Fueron con él a la casa de Dahmer, que los recibió con una sonrisa, educadamente y preocupándose por el estado de su «amigo». La policía entró y, por casualidad, abrió un cajón que contenía decenas de fotografías con Dahmer posando junto a sus víctimas: vivas, muertas y despedazadas. El carnicero se resistió, pero su suerte estaba echada. Uno de los policías abrió la nevera y encontró la cabeza recién cortada de un hombre, dos corazones y una variedad de carnes. «Sí, debería estar muerto por todo eso», les dijo Dahmer desde el suelo.

Él, en realidad, murió el 28 de noviembre de 1994 en la Correccional de Columbia, brutalmente asesinado por otro preso. Su juicio comenzó en enero de 1992 y cuando los psiquiatras le dijeron que estaba enfermo, se declaró culpable con atenuante de enajenación mental, para que los destinasen a un psiquiátrico, pero rechazaron la petición. Antes había defendido su inocencia, pero se olvidó de ello por la gran cantidad de pruebas en su contra. El jurado lo declaró mentalmente sano y fue sentenciado a 15 cadenas perpetuas consecutivas.

CASO CERRADO

Imagina que esta es la nevera de Dahmer. ¿La abres?

AILEEN WUORNOS

MUJER ARAÑA Y MUJER HERIDA

Es un tópico aquello de que hay quien nace con estrella y quien nace estrellado. Sin embargo, aquí estamos frente a un caso paradigmático. Con una infancia estremecedora, de abusos sexuales y perversión, Aileen Wuornos pasó pronto de delincuente a asesina.

Irascible, deslenguada y volcánica. Su infancia resultó una continua sucesión de abusos. Su modo de vida era sexo, alcohol y drogas, sin rastro de glamur.

AÑOS EN ACTIVO
1989-1990.

MOTIVACIÓN
Sexual.

TIPOS DE VÍCTIMAS
Hombres.

NÚMERO DE VÍCTIMAS
Siete.

ESTATUS DEL CASO
Juzgada y sentenciada a seis condenas a muerte y ejecutada por inyección letal.

CUANDO AILEEN SE ENAMORÓ DE TYRIA, AMBAS SE EMBARCARON EN UNA ESPIRAL AUTODESTRUCTIVA. AILEEN SUBLIMÓ TODO EL ODIO QUE HABÍA RECIBIDO CONTRA LOS HOMBRES CON QUIENES SE PROSTITUÍA. DISPARÓ Y MATÓ A SIETE DE ELLOS.

Siempre es difícil sobreponerse a una infancia como la de Aileen Wuornos. Es muy complicado –por no decir imposible– dejar atrás algo así. El caso de Wournos resulta de los más estremecedores. Jamás una niña debió de haber sufrido algo así. Aileen fue una criatura que nunca pudo transitar por los caminos que corresponden a una niña que aprende y crece. Su suerte estaba echada desde demasiado pronto. Y, cuando pudo escoger, lo hizo de la peor manera posible.

Sus padres eran adolescentes cuando ella nació, un 29 de febrero de 1956 en el estado de Míchigan (Estados Unidos). A él, esquizofrénico y pederasta, nunca llegó a conocerlo. Estaba en prisión cuando Aileen nació y se ahorcó mientras cumplía cadena perpetua. Su madre, Diane, la abandonó cuando tenía cuatro años. La tuvo con 16 años y a su hermano Keith, con 15. Antes de que ella naciese, ya había pedido el divorcio. Toda una vida comprimida en demasiado poco tiempo, demasiadas experiencias, demasiado uso del cuerpo y de la mente. Así que Diane dejó a su prole con sus padres (de origen finlandés) y desapareció.

No fue la primera vez que una hija descarriada deja a sus hijos con sus padres, incapaz de criarlos. Ha sucedido desde que el mundo es mundo y seguirá pasando. Ellos intentarán hacerlo lo mejor posible. En el caso de Aileen y su hermano, sin embargo, partieron con un problema de base: ellos tampoco estaban para cuidar a nadie. Britta Wuornos era alcohólica; el abuelo Lauri maltratará y violará a la pequeña. Crecerán en un hogar violento y sin cariño; sin sostén, referencias ni amparo. Con 12 años, descubrirán que quienes creían sus padres son sus abuelos.

Sin esperanzas

A Napoleón se le atribuye la frase «La educación de un niño comienza veinte años antes de su nacimiento, con la educación de sus padres». De alguna manera, nos recuerda a lo que le sucedió a la joven Aileen. Desde muy pequeña comienza a tener relaciones sexuales por cigarrillos, drogas o incluso por comida. También con su hermano Keith. A los 14 se queda embarazada, violada por un amigo o por su abuelo, quién sabe. Ella da ese hijo a una casa de maternidad, donde es adoptado y nunca más vuelve a saber de él. Pero hay algo peor: en su casa la repudian por eso y se va. ¿A dónde? No importa, ya quizá no le importe ni a ella. Duerme en un coche abandonado en un bosque, en un hogar para madres solteras... Con 15 años es toda una *rolling stone*, en su sentido más literal: un canto rodado, una chica callejera, una vagabunda. Una adolescente que aún va (poco) a la escuela y cuyo única forma de vida es la prostitución y la delincuencia.

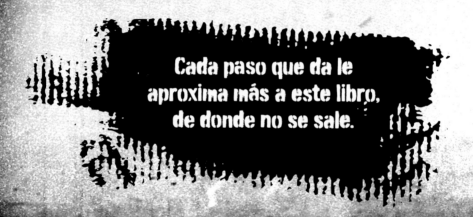

Cada paso que da le aproxima más a este libro, de donde no se sale.

WUORNOS EN PANTALLA

El de Aileen Wuornos se acabó convirtiendo en un caso bastante mediático en Estados Unidos. Destacan los documentales que el cineasta Nick Broomfield realizó sobre ella. Primero en 1992 (*Aileen Wuornos: La venta de un asesino en serie*) en el que destaca cómo el entorno de Wuornos la iba utilizando para sus propios intereses y que su juicio no fue justo. Después en 2003 (*Aileen: Vida y muerte de un asesino en serie*), cuando Wuornos ya había sido ejecutada, sobre el deterioro mental de la protagonista en prisión. En 2003, la actriz Charlize Theron ganó el Oscar a la mejor actriz por su papel de Aileen Wuornos en *Monster*, una película que se centraba en su relación con Tyria Moore y en el papel de esta en el juicio contra su expareja

Cada vez más, su suerte está echada. Cada paso que da se aproxima más a este libro, del que no se sale. Los que siguen describen a una mujer desnortada, perdida y quizá ya sentenciada:

- La arrestan en 1974 por conducir drogada, alteración del orden público y disparar una pistola calibre 22 desde un vehículo.
- En 1976, y haciendo autostop, conoce a un acaudalado hombre de 69 años y se casan enseguida.
- Al poco tiempo, golpea con un bastón a su marido y este consigue la anulación del matrimonio.
- Vuelve a ser arrestada por agresión y alteración del orden público.
- Cuando su hermano muere de cáncer, recibe 10 000 dólares de su seguro de vida. Los derrocha. Compra un automóvil nuevo, que destroza pronto.

Sus arrestos cada vez son más frecuentes y los motivos, de lo más variopinto. Además de violencia y altercados de orden público, habrá robos de armas e intentos de falsificación. La policía y Wuornos se hacen pareja de hecho. En cuanto sale de un tiempo en la cárcel, le falta tiempo para emprender una nueva andanza criminal. Es la espiral sin salida de la delincuencia.

Amores que matan

En 1986, una época en la que las armas de fuego acompañan cada vez más a Aileen, ocurre un hecho que puede cambiarlo todo. El amor tiene ese poder y

Wuornos se enamora de Tyria Moore en un bar homosexual de Daytona Beach, llamado –cuidado con la premonición– Zodiac. Y claro que todo cambia. Pero a una pobre diablo como Aileen ya no puede sucederle nada bueno, así que evoluciona a peor. ¿Qué puede ir a peor en una vida desgastada y sin futuro como la suya? Pensemos, aún queda un resquicio: derramar sangre, la de los otros, se entiende.

Moore deja su trabajo como empleada de un motel, pues, y se une a Wuornos en su vida ambulante. Será como oxígeno para ella, pero Aileen es fuego y ya sabemos lo que le hace el uno al otro. La relación será enfermiza, será dependiente, será dañina para ambas. Se amarán con pasión, se gritarán sin descanso, recorrerán sin hogar fijo el estado de Florida. Poco antes de morir ahorcada –porque ya intuimos lo que pasará–, Wuornos se declaraba aún enamorada de su expareja, pese a todo lo que va a suceder entre medias.

Son dos lesbianas en un mundo de hombres, de lo peor de los hombres. Pero ellas viven de eso: de la prostitución de Aileen. Son dos fuerzas contrapuestas –su amor homosexual y la dependencia de los puteros– que conviven mal. Y recordemos que a un mundo de precariedad, de alcohol y de violencia le acompañan armas: Wuornos no se separa de su pistola de calibre 22. Es cuestión de tiempo.

Y el tiempo pasa. Llega hasta el 30 de noviembre de 1989, cuando Aileen toma un cliente llamado Richard Mallory, con antecedentes por violación. Según contará Aileen, se propasa con ella y le dispara varias veces. No encontrarán su cuerpo hasta dos días después, escondido en un bosque. Nadie investiga a fondo. Al fin y al cabo, la policía sabe que es un problema menos para todos.

Eran dos lesbianas viviendo de lo peor de los hombres.

Sin embargo, para Aileen y Tyria se ha disparado un nuevo resorte. Su odio hacia los hombres se ha culminado del modo más extremo. Wuornos se sigue prostituyendo para vivir, y en ese sinuoso camino encuentra a algunos que merecen que les den su merecido. Eso piensa ella, al menos, en mayo de 1990, cuando comete un nuevo crimen descerrajando seis tiros a un obrero de la construcción. En los siguientes cinco meses, mata con su calibre 22 a otros cinco clientes.

La policía observa un patrón claro y comienza una investigación seria. Aunque el mundo donde se mueven Aileen y Tyria es oscuro, nocturno, subterráneo, ellas no son unas frías asesinas en serie que borren sus huellas. Las hay, y además ellas siguen provocando escándalos que las hacen muy visibles. Pronto corre un retrato robot de ellas por toda Florida. Es casi cuestión de tiempo que se delaten; van vendiendo los objetos sustraídos a los muertos en casas de empeño. En enero de 1991, la policía da con ellas y las arresta.

Moore llega a un trato con la ley: inculpa de todo a Wuornos y se le concede inmunidad. Aileen acepta ser la autora de los asesinatos: «No dejaré que vayas a la cárcel. Si he de confesar, lo haré», llegó a decir. Su antigua pareja vendió su historia para varios libros y para el cine. Sola ante la ley, las confesiones de Wuornos fueron un tanto caóticas, a veces aduciendo la defensa propia y otras no tanto, sembrando dudas y mezclando mensajes religiosos.

Fue sentenciada a seis condenas de muerte por sus seis asesinatos. Uno de sus cadáveres nunca fue hallado, y eso la eximió. Pero con una condena a muerte es suficiente para morir. La inyección letal le llegó el 9 de octubre de 2002, en la Prisión Estatal de Florida. Pasó una década en la cárcel, no exenta de escándalos. Dio entrevistas y se hicieron extensos documentales sobre ella, ya convertida en una estrella del crimen por unos medios que resaltaban su carácter indómito, de mujer en un mundo —el de los asesinos en serie— colmado por los hombres. La apodaron «la mujer araña». Dijo que si viviera otra vez esa vida que le tocó vivir, habría hecho lo mismo, habría matado a todos esos hombres que se lo merecían. Según el oficial que le arrestó por última vez, «cada vez que vaciaba su pistola sobre los cuerpos de aquellos hombres, en realidad, estaba matando a su padre».

CASO CERRADO

LUIS GARAVITO

LA BESTIA QUE SE HIZO HOMBRE

El asesino más sanguinario que se recuerda en Sudamérica mataba y violaba niños por el placer sexual que aquello le causaba. Una infancia áspera y violenta fue el trampolín que necesitaba para convertir su psicosis y su paranoia en sangre.

Sanguinario, pervertido, cruel.
Violó niños para conseguir placer
sexual y años después pasó a
matarlos. Nunca tenía suficiente.

AÑOS EN ACTIVO
1992-1999.

MOTIVACIÓN
Sexual.

TIPOS DE VÍCTIMAS
Niños y adolescentes.

NÚMERO DE VÍCTIMAS
172 confirmadas, puede que más.

ESTATUS DEL CASO
Juzgado y condenado a 40 años de
cárcel. A la espera de liberación.

GARAVITO ASALTÓ A UNOS 300 NIÑOS Y MATÓ A CERCA DE 200 DE ELLOS. SOLO PARÓ CUANDO LO DETUVO LA POLICÍA: ÉL YA PENSABA EN NUEVAS FORMAS DE MATAR CUANDO SU INCLINACIÓN PEDÓFILA EMPEZABA A NO SATISFACERLE COMO ANTES.

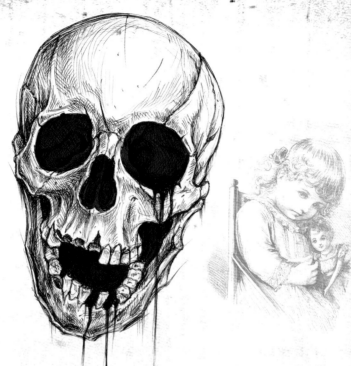

SERÍA (ES) UNA pena reducirlo a una cuestión de números. Pero, para que nos hagamos una idea de la atrocidad de los crímenes de Luis Alfredo Garavito: ¿a cuántas personas, la mayoría de ellos niños, mató? ¿Son 138, como se le acusó en un principio? ¿172, como se descubrió después? ¿221, según confesó en la cárcel? ¿Aún más, como se teme? Si un solo asesinato de un niño –no hablemos de la violación– causa un dolor inimaginable, la cuestión del *uno más, uno menos*, no resulta baladí. Todo el horror suma, se acumula. La vida criminal de Garavito dejó más dolor del que una sola persona se puede permitir.

Una infancia de violaciones

Como todos los de su especie, Garavito tuvo una infancia difícil. Y cabe preguntarse: ¿cuántos otros como él, en los arrabales del Valle de Cauca, en Colombia, sufrieron tanto o más y no dejaron tanta huella? Cierto es que, aunque en algunas fotos de su infancia se lo ve sonriente, las cámaras a menudo resultan demasiado reduccionistas. Nació en 1957 y la lotería de la vida lo inscribió en una familia con un padre alcohólico que lo maltrató, le pegó, le insultó. No recibió ningún tipo de cariño por parte de padre o madre, su familia era pobre, había más bocas que alimentar que pesos –la moneda colombiana– y la zona donde vivían se encontraba bajo la batalla interminable entre la guerrilla y el ejército, en medio de la droga y la brutalidad. Una base pantanosa para cualquiera que desee crecer, despegar. Y que no te sostendrá si, como le sucedió a Garavito, vienen asuntos peores. A los 12 años fue violado en varias ocasiones por un vecino, de las maneras más obscenas.

Arrabal de un pueblo del centro de Colombia, por donde Garavito cometió sus crímenes.

A partir de entonces, a la deriva que sufría su infancia se sumó una deriva sexual completamente marcada por ese incidente. Empezó a tocar a sus hermanos desnudos y, al poco, abusó de un niño de seis años. Las agresiones sexuales de su vecino lo habían dejado impotente y solo lograba excitarse con violencia de por medio. Recién entrado en la adolescencia, Garavito comenzó a vengarse del mundo.

Hasta 5.º de primaria aguantó en el Instituto Agrícola de Ceilán. A los 16 años, tras el enésimo altercado con su padre, abandonó el hogar familiar. El origen de la pelea estuvo en la detención de Garavito por el intento de agresión a un niño, de quien intentó abusar «solo un poco», como se defendió ante el juez. Su padre lo reprendió no tanto por el hecho, como por haber elegido a un varón. Lo acusó abiertamente de ser homosexual y la tirantez se hizo (más) insoportable. Dejó a su familia y encontró trabajo como ayudante de un par de supermercados, de donde lo despidieron por continuas peleas con clientes, compañeros y jefes. El carácter bronco y destemplado de Garavito iba a más.

Psicología complicada

El paso a la edad adulta agravó su comportamiento. Su alcoholismo fue a más y lo convertía en alguien aún más violento, aunque intentó una redención cuando en 1978 comenzó a participar en las reuniones de Alcohólicos Anónimos. En alguna ocasión tuvo relación con una pareja femenina, pero también las maltrataba; cuando intentaba mantener sexo con ellas no podía tener una erección, lo que le llevaba a golpearlas. Decía querer formar una familia, tener hijos, pero esa impotencia, esa frustración, lo «martirizó» aún más y desvió su odio a sí mismo hacia los pequeños.

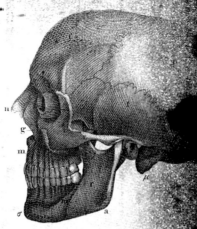

Consciente, sin embargo, de su estado, acudió a psicólogos y se convirtió a la fe pentencostal para encontrar un apoyo en la iglesia. En su comportamiento había pautas de psicosis y de paranoia. Buscó atención psiquiátrica en un hospital y fue ingresado varias veces durante la primavera de 1980, un momento en el que flirteó con el suicidio, ya que creía que su vida carecía de valor. Fue tratado por depresión y bulimia y le recetaron medicación antipsicótica. Pero no informó de sus problemas sexuales, de su inclinación pedófila.

Cuando acabó aquel tratamiento comenzó su vida de vendedor ambulante en la zona montañosa del país. Vendía cachivaches y estampitas del papa Juan Pablo II, de la virgen del Carmen, del Divino Niño Jesús, una de las advocaciones más veneradas en Colombia. Esa vida errante y autónoma le vino bien para empezar su deriva territorial y criminal. Fue entonces cuando empezó a violar y a abusar de jóvenes. Doce años, de 1980 a 1992, durante los que dondequiera que Garavito se hubiera desenvuelto, los informes de abuso sexual infantil aumentaron en tales lugares

A lo largo de esa vida errante fue afinando su *modus operandi*. Se disfrazaba de monje, mendigo o discapacitado con muletas o cuellos ortopédicos para provocar pena o flaquezas y ganarse la confianza de los niños. También inventó dos fundaciones (una para ancianos y otra para menores) para dar charlas en colegios y tener acceso más fácil a sus víctimas. Fue algo más de una década

> Tenía una idea: hacerse con una ametralladora, encerrar a un amplio grupo de personas y vaciar el cargador.

en la que dejó a sus víctimas profundas heridas físicas y psicológicas, pero sin llegar a matar. En 1992, azuzado por una obsesión con el ocultismo y la magia negra, como adujo, o tal vez solo empujado por el agotamiento de una fórmula y la lógica escalada hacia *algo más*, Garavito se convirtió también en un asesino.

Garavito recorría la zona donde se establecía e identificaba a sus futuras víctimas y los lugares propicios para asaltarlas de manera impune. Buscaba jóvenes delgados, de tez clara y rostro agraciado, que le recordasen a sí mismo durante su infancia, ya fueran campesinos, escolares o trabajadores. Se ganaba su confianza mediante buenas palabras, con algún regalo, posiblemente algún cachivache de su venta ambulante; suficiente para reclamar su compañía, alabar su charla, solicitar un paseo juntos. Si nos preguntamos si hay algo peor que engañar a un niño, la respuesta viene implícita en lo que venía luego. Los hacía caminar durante largo rato, se agotaban, les proponía descansar en un paraje apartado. Luego los ataba, los violaba y los degollaba. Si se veía con tiempo, mutilaba el cuerpo. A veces, se llevaba las partes y las enterraba en otro lugar. En otras ocasiones, se encontraban con marcas de mordeduras y signos de penetración. Cerca, envases de lubricante y botellas vacías de aguardiente barato. La mayoría de los cadáveres mostraban signos de tortura y depravación.

El 1 de octubre de 1992 quiso cometer su primer delito de sangre, pero fue interrumpido por unos policías locales que lo golpearon y le robaron antes de dejarlo salir de la comisaría. A los tres días reincidió, con éxito y lo que siguió fueron seis años y medio de continua pedofilia, sangre y muertes. Ya no se vengaba de su infancia; buscaba su propia satisfacción sexual, puesto que solo sobre los cadáveres lograba masturbarse.

Planes de futuro

En abril de 1999, el reguero de crímenes había puesto a la policía sobre su pista. Entraron a la casa que hacía de residencia más o menos habitual, en la que vivía con una mujer, su pareja. Esta les entregó una maleta de tela negra de Garavito, que contenía fotos de niños pequeños y un cuaderno en el que llevaba la cuenta de los asesinatos en cada ciudad que asolaba. A finales de ese mes, en uno de sus viajes bajo falso nombre, con el auténtico fin de asesinar, uno de los adolescentes a los que atacó se pudo zafar de él, lo que condujo a

HITLER, MEIN KAMPF

Los perversos gustos de Garavito le resultaron de poca ayuda. En su juventud descubrió el libro *Mein Kampf* de Adolf Hitler. Al criminal le sorprendió encontrar similitudes -eso creía- entre él y el dictador alemán, como experiencias homosexuales y años perdidos en la vagancia. Llegó a admirar al nazi y a expresar que le gustaban los campos de concentración.

Tampoco le sirvió su obsesiva lectura de la Biblia, en la que buscaba encontrar una explicación a su conducta. Insatisfecho, fue más allá y contactó con el mundo del ocultismo, del esoterismo, justo cuando comenzó su afición por matar. «Practiqué ritos satánicos con los menores que asesiné, lo hice a mi manera, pero no quiero explicar cómo lo hice; yo hice un pacto con el diablo», confesó en una entrevista.

Portada y lomo de una edición antigua de *Mein Kampf* (*Mi lucha*), obra autobiográfica e ideológica de Adolf Hitler, publicada en 1925.

su detención. La policía de la ciudad de Villavicencio, en el centro del país, lo detuvo creyendo que era el hombre que decía ser. No fue hasta poco antes del juicio cuando se cruzaron los informes. Aquel pervertido era en realidad Luis Garavito.

Confesó que ya se «aburría» de sus crímenes. Como cuando pasó de violador a asesino, necesitaba más. Planeaba matar a personas de más edad y, sobre todo, una idea macabra le rondaba con insistencia: hacerse con una ametralladora, encerrar a un amplio grupo de personas –familiares, a ser posible– en un lugar y vaciar el cargador, antes de morir durante la matanza.

En 2001, Garavito fue sentenciado a 1 853 años y 9 días de cárcel. Sin embargo, por la ley colombiana vigente, no podrá cumplir más de 40 años, que serán menos puesto que ha colaborado en la captura de otros asesinos en serie. En Ecuador, país donde también mató, tiene pendiente una condena de 22 años. El asesino ha declarado que cuando salga le gustaría ocupar un escaño en el Congreso, así como –con su experiencia– ayudar a los niños que han sufrido abusos. ¿Cómo?

caso CERRADO

YOUNG-CHUL YOO

VENGANZA SANGRIENTA CONTRA LOS RICOS

El sentimiento de injusticia puede resultar muy peligroso en según qué mentes. La de este coreano con infancia pobre y vida familiar dura lo encauzó matando a quienes consideraba sus opresores. Luego continuó el camino de la sangre con las mujeres.

Resentido y retorcido. Consciente de su vida fracasada, tanto en los estudios como en el amor. Para apagar su rabia encontró el odio contra sus «opresores».

AÑOS EN ACTIVO
2003-2004.

MOTIVACIÓN
Venganza.

TIPOS DE VÍCTIMAS
Ricos y prostitutas.

NÚMERO DE VÍCTIMAS
20 confirmadas, puede que más.

ESTATUS DEL CASO
Juzgado y condenado a pena de muerte. Sigue encarcelado, a la espera de que se derogue la pena capital en Corea del Sur.

EN APENAS UN AÑO ESTE ASESINO CONVIRTIÓ EN SANGRE TODO EL ODIO QUE FUE ACUMULANDO DURANTE TODA SU VIDA. NO BUSCABA DINERO NI SATISFACCIÓN SEXUAL: LO SUYO ERA LA VENGANZA.

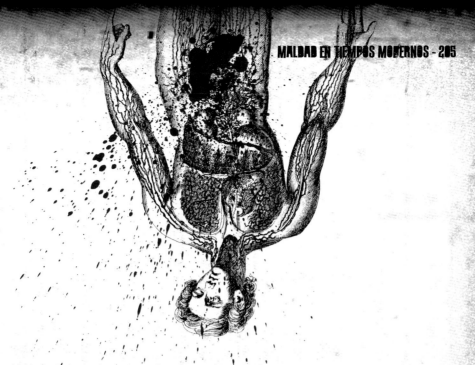

Un detalle explica –nunca «justifica»– el futuro comportamiento de Yoo. Cuando acudía a sus clases de primaria, un mal día su madre le preparó para comer un plato de arroz con judías negras de aspecto deplorable. De la fiambrera asomaba una desalentadora pasta negra y un triste bloque blanco de arroz. Sus compañeros, cuando vieron aquello, no dudaron en ejercer la crueldad «inocente» propia de los niños: «¡Hoy también te hemos traído mierda para comer!», le gritaron desde entonces.

En el distrito de Mapo, a las afueras de Seúl, todos tenían orígenes humildes. La familia de Young-Chul era especialmente pobre.

Otra infancia tormentosa

Pobre como tantas otras familias obreras coreanas en aquel 1970 no tan lejano. Sin embargo, esta en la que Young-Chul nació se mostró desde un principio como desestructurada y violenta. Su mismo nacimiento estuvo rodeado de desesperanza, ya que se transformó en otra boca que alimentar no deseada. Las peleas entre sus padres, continuas, condujeron al previsible divorcio, así que el pequeño Young-Chul se crio con su abuela hasta los seis años. Fue entonces cuando se mudó a Seúl a vivir con sus hermanos, su padre y su nueva pareja, en unas condiciones de vida algo mejores.

Su padre había regresado de la guerra de Vietnam (finalizada en 1975) con unos buenos ahorros por su condición de veterano. Sin embargo, aquella nueva oportunidad no parecía dirigirse a buen puerto. El padre dilapidó parte de su capital con unas inversiones más que dudosas y la madrastra gritaba a los cuatro hermanos Yoo (dos mayores que Young-Chul y una hermana menor, a la que golpeaba directamente), con lo que la atmósfera en aquel hogar en un distrito al sur de Seúl era irrespirable. Solo funcionaba la tienda de cómics que había montado el padre y en la que Young-Chul encontraba refugio.

La vida seguía siendo espartana para el pequeño Young-Chul. En el distrito de Mapo, carecían de electricidad y agua potable: el agua la sacaban de un pozo público. En realidad, eso no es un verdadero problema cuando en casa hay un sostén familiar, así se ha vivido hasta hace no tanto; pero aquella familia hundía, no empujaba. Con ocho años, Young-Chul –y poco a poco, todos los hermanos– dejó ese hogar para regresar con su madre, un nuevo bandazo para enderezar su infancia. A su padre lo siguió visitando, ya que su cariño por él seguía vivo. Sin embargo, después de que su madrastra lo abandonase, aquel hombre entró en una espiral autodestructiva que empezó con el alcohol y terminó en un accidente de tráfico mortal.

En esa vida lóbrega que ofrecía pocos agarraderos, Young-Chul encontró uno en los estudios. Se convirtió en un alumno destacado y mostró cierto talento en la música y en el dibujo (ver a la derecha). No obstante, su ingreso en los estudios de arte no se concretó y ese camino apenas esbozado para salir de una existencia desganada y áspera se cortó de raíz. Tuvo que «conformarse» con una formación profesional técnica. Como tantos otros; pero el frágil entramado mental de Yoo ya había sufrido más reveses de los que podía soportar.

La culpa es de los ricos

Sobre todas las cosas, lo que Young-Chul no soportaba era ser tan pobre. Corea del Sur era un país que empezaba a despegar para convertirse en la potencia tecnológica que es hoy. Y, sin embargo, él se mantenía bien abajo, sin posibilidades ni sueños. La rabia que desde pequeño fue acumulando cristalizó en algo concreto durante la adolescencia. A la vez que se hacía consciente de su propia miseria, observaba cómo otros se enriquecían a su costa o, al menos, de otros como él. Los ricos existían porque él era pobre; esa conclusión fue

EL ARTE CURA, EL ARTE HIERE

Al joven Yoo le gustaba leer poesía y, pese a ser daltónico, amaba pintar y dibujar (durante el juicio por sus crímenes encontraron sus dibujos manga, de estimable calidad). También le encantaba la música: formó parte de un grupo de góspel en la iglesia y más tarde creó con sus amigos una banda de rock. Pero fracasó en su examen de acceso a la especialización de artes, un golpe del que no se recuperó. Esta historia recuerda a la de Adolf Hitler quien, antes de su deriva autoritaria y criminal, intentó ingresar en la Academia de Bellas Artes de Viena, que lo rechazó por dos veces, en 1907 y 1908. Resentido, buscó un culpable en la «degenerada» sociedad burguesa de su época. El resto es historia.

arraigando en su fuero interno, como si algún demonio se lo susurrara al oído. De demonios internos iba bien surtido.

Con 18 años llegó su primer acercamiento al crimen, un delito que aún podríamos calificar de inocente y romántico si comparamos con el manantial de sangre que vendría después. Entró en la casa de un vecino más afortunado que él y robó una guitarra y una grabadora, seguramente con el fin de emplearlas en su afición musical. Le salió caro: fue descubierto, llevado a un centro de detención juvenil y no pudo acabar sus estudios técnicos. Young-Chul ya estaba marcado a nivel social. Además, había algo genético en él que lo predisponía a tendencias maníaco-depresivas. Su padre –recordemos– había muerto deprimido y alcoholizado, y uno de sus hermanos, con problemas mentales, se suicidaría en 1994. En los años sucesivos, Young-Chul encadenaría psiquiátricos y cárceles como quien enlaza un cigarrillo tras otro.

Descendió sin remedio a una vida lumpen, de pequeños robos y ambiente tóxico. Comenzó a tratar con masajistas eróticas y con una de ellas se casó en 1993 y tuvieron un hijo. Sin embargo, apenas pudo disfrutar de él porque se pasó más de la mitad de esa década entre rejas. La frecuencia de sus robos aumentó a la par que la gravedad de los mismos. Asaltó a su casero, buscando revancha por lo que consideraba un alquiler desorbitado. Robó coches, vendió pornografía, falsificó documentos públicos y, al fin, en el año 2000, su primer crimen sexual: se cruzó con una joven de 15 años que le pareció irresistible y la violó. Sus apetencias cada vez eran mayores y sus frenos, más débiles. Este delito le costó tres años de cárcel y el divorcio con su mujer.

> **Yoo admitió haberse comido el hígado de sus víctimas para adquirir valentía y fuerza.**

Esos tres años a la sombra no le sentaron bien. Su hijo, quizá ya su único vínculo positivo, no podía visitarlo. Y en la soledad de su celda cayó en sus manos la biografía de un asesino en serie coreano, Du-Young Jeong. Quizá podría haber aprovechado ese tiempo para retomar sus estudios artísticos, pero prefirió adentrarse en la mente de un criminal que apenas un año antes había matado a nueve ricos coreanos. Cuando salió de la cárcel tres años después, Yoo llevaba ese libro bien aprendido.

Un reguero de sangre

Los impulsos homicidas de Young-Chul resultaban cada vez más irreprimibles. El futuro asesino consideró que debía entrenarlos primero con perros: apaleándolos hasta la muerte en los rincones más oscuros de Seúl. Una vez superado con nota este trámite se sintió dispuesto a dar el paso que venía rumiando desde sus noches de rabia insomne en la cárcel. Ya estaba preparado para castigar como se merecían aquellos a los que culpaba por su mísera vida: los ricos, esas sanguijuelas sin conciencia que, apoyándose en desgraciados como él, habían amasado su fortuna y su bienestar. Los susurros de su demonio se habían transformado en gritos.

El 24 de septiembre de 2003, Yoo salió de su casa con una mochila que portaba unos guantes, un gran cuchillo y un martillo. Se dirigía al distrito más pudiente de Seúl. Allí escogió la casa que le pareció más oportuna, a pleno sol. Escaló el muro y entró a la vivienda. Constató que no había nadie más que una pareja de ancianos. A él lo mató de un tajo en la garganta; a ella le reventó la cabeza de un martillazo. Revolvió la casa para simular un robo, pero en realidad no se llevó nada. Él no era un ladrón: era un vengador.

Con ese *modus operandi* mató a nueve personas entre septiembre y noviembre de 2003. Fueron ocho *culpables* según su sangriento código, y un bebé. A este se lo arrebató de las manos de su cuidadora, lo tapó con una sábana, y la mató salvajemente. Luego prendió fuego a la habitación para borrar sus huellas. Yoo se olvidó del bebé, que murió calcinado.

Por entonces, Yoo comenzó una relación sentimental con una prostituta, a la que llegó a pedir matrimonio; pero esta, que descubrió su pasado carcelario, se alejó de él. Fue la excusa que Young-Chul necesitaba para traspasar su furia sangrienta de los ricos a las prostitutas. En cinco meses asesinó a 12 personas, en su mayoría mujeres que ofrecían sus servicios a domicilio. Él las llamaba, llegaban a su casa, les ofrecía un baño y, antes de tener sexo, las mataba a cuchillo y martillo. Con una sierra, les cortaba la cabeza y las desmembraba y llevaba los cuerpos en una bolsa a una montaña boscosa, donde excavaba para enterrarlas. Marcaba esas tumbas para evitar poner más de un cuerpo en el mismo sitio. Llevaba los trozos de los cadáveres en una maleta a sus espaldas: por cada víctima realizaba dos viajes.

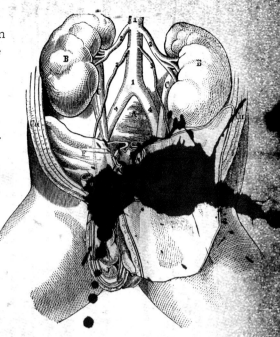

En ese tiempo, detuvieron a Yoo por golpear a una prostituta, pero antes de que se le pudiera relacionar con los crímenes, escapó. En cualquier caso, la desaparición de tantas prostitutas alarmó no solo a la policía, sino a los proxenetas. Estos, en colaboración con la ley, tendieron una trampa a Yoo. Cruzaron información y localizaron el móvil del que señalaron como probable asesino. Young-Chul mordió el anzuelo y fue detenido.

Confesó todos sus crímenes y se enorgulleció de ellos. «Las mujeres no deben ser putas, y los ricos deberían saber lo que han hecho». Admitió también haberse comido el hígado de varias de sus víctimas, puesto que la medicina tradicional coreana afirma que son la reserva de la valentía y la fuerza.

En el juicio, tumultuoso y polémico, fue sentenciado a pena de muerte por 20 asesinatos, aunque el propio Yoo aseguró que había más, que no podría demostrar. Al escuchar aquella condena, dijo a la sala: «Mis acciones no pueden justificarse. Si viviésemos en una sociedad donde las personas como yo pudiesen vivir una buena vida, no habría otro Young-Chul Yoo. Estoy agradecido por la solicitud de pena de muerte de los fiscales. Me arrepentiré de lo que he hecho hasta que muera». La reflexión le llegó en la Prisión de Seúl, donde aún sigue en el corredor de la muerte. La ley coreana está estudiando una derogación de la pena de muerte.

CASO CERRADO

LIBROS Y PELÍCULAS

ALICE KYTELER

The Time Burning (2012), de Robin Morgan. 📖

GILLES DE RAIS

El mariscal de las tinieblas: La verdadera historia de Barba Azul (2005), de Juan Antonio Cebrián Zúñiga. 📖

ERZSÉBET BÁTHORY

Cuentos inmorales (1973), dirigida por Walerian Borowczyk. 🎞
La condesa (2009), dirigida por Julie Delpy. 🎞

MARQUESA DE BRINVILLIERS

La cámara ardiente (1937), de John Dickinson Carr. 📖
L'Affaire des poisons (1955), dirigida por Henri Decoin. 🎞

GESCHE GOTTFRIED

Bremer Freiheit (1972), dirigida por Rainer Werner Fassbinder y Dietrich Lohmann. 🎞

ROMASANTA

El bosque de Ancines (1947), de Carlos Martínez-Barbeito. 📖
Romasanta. Memorias incertas do home lobo (2004) de Alfredo Conde. 📖
Carne de ataúd (2016), de Bernardo Esquinca. 📖
El bosque del lobo (1970), dirigida por Pedro Olea. 🎞
Romasanta. La caza de la bestia (2003), dirigida por Paco Plaza. 🎞

JACK EL DESTRIPADOR

Jack the Ripper: The Final Solution (1976), de Stephen Knight. 📖
I, Ripper (2015) de Stephen Hunter. 📖
La caja de Pandora (1929), dirigida por Georg Wilhelm Pabst. 🎞

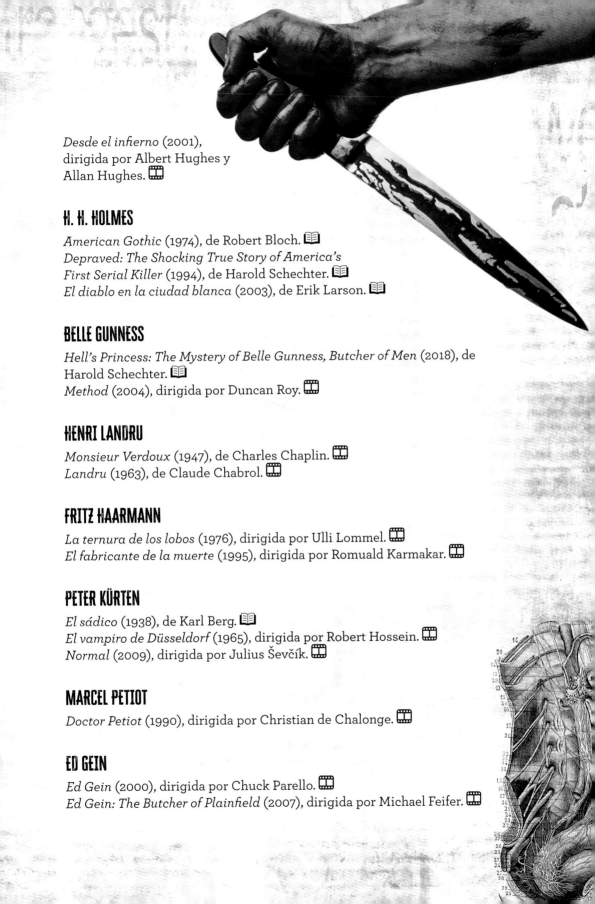

Desde el infierno (2001), dirigida por Albert Hughes y Allan Hughes. 🎞️

H. H. HOLMES

American Gothic (1974), de Robert Bloch. 📖
Depraved: The Shocking True Story of America's First Serial Killer (1994), de Harold Schechter. 📖
El diablo en la ciudad blanca (2003), de Erik Larson. 📖

BELLE GUNNESS

Hell's Princess: The Mystery of Belle Gunness, Butcher of Men (2018), de Harold Schechter. 📖
Method (2004), dirigida por Duncan Roy. 🎞️

HENRI LANDRU

Monsieur Verdoux (1947), de Charles Chaplin. 🎞️
Landru (1963), de Claude Chabrol. 🎞️

FRITZ HAARMANN

La ternura de los lobos (1976), dirigida por Ulli Lommel. 🎞️
El fabricante de la muerte (1995), dirigida por Romuald Karmakar. 🎞️

PETER KÜRTEN

El sádico (1938), de Karl Berg. 📖
El vampiro de Düsseldorf (1965), dirigida por Robert Hossein. 🎞️
Normal (2009), dirigida por Julius Ševčík. 🎞️

MARCEL PETIOT

Doctor Petiot (1990), dirigida por Christian de Chalonge. 🎞️

ED GEIN

Ed Gein (2000), dirigida por Chuck Parello. 🎞️
Ed Gein: The Butcher of Plainfield (2007), dirigida por Michael Feifer. 🎞️

LIBROS Y PELÍCULAS

MANUEL DELGADO

Arropiero, el vagabundo de la muerte (2009), de Carles Balagué.

EDMUND KEMPER

Urge to Kill (1974), de Ward Damio.
The Head Hunter (2016), dirigida por Tom Keeling.
The Co-ed Killer (2021), dirigido por John Owens.
Mindhunter (2017), serie de TV (episodios 2, 3 y 10).

TED BUNDY

Un extraño a mi lado (1980), de Ann Rule.
Ted Bundy (2002), dirigida por Matthew Bright.
Un extraño a mi lado (2003), dirigida por Paul Shapiro.
Un ángel caído (2016), dirigida por Jamie Crawford.
Extremadamente cruel, malvado y perverso (2019), dirigida por Joe Berlinger.
Ted Bundy: American Boogeyman (2021), dirigida por Daniel Farrands.
Ted Bundy. En la mente del asesino (2021), de Amber Sealy.

CHARLES SOBHRAJ

Serpentine (1979), de Thomas Thompson.
The Life and Crimes of Charles Sobhraj (1980), de Richard Neville y Julie Clarke.
Main Aur Charles (2015), dirigida por Prawaal Raman.
The Serpent (2021), serie de TV.

HAROLD SHIPMAN

Harold Shipman: Doctor Death (2002), dirigida por Roger Bamford.
Harold Shipman (2014), serie de TV.

ANDRÉI CHIKATILO

La otra cara del diablo (1992), de Peter Conradi.
El niño 44 (2008), de Tom Rob Smith.
Ciudadano X (1995), dirigido por Chris Gerolmo.

Evilenko (2004), de David Grieco.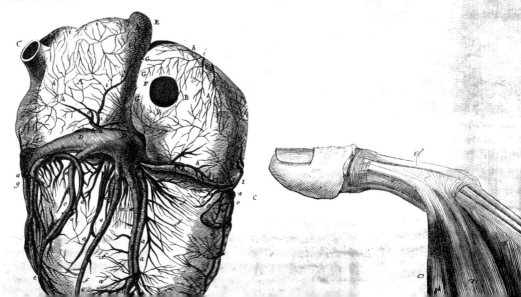
El niño 44 (2015), dirigida por Daniel Espinosa.

JEFFREY DAHMER

Inside the Mind of Jeffrey Dahmer: The Cannibal Killer (2022), de Christopher Berry-Dee.
Jeffrey Dahmer: The Secret Life (1993), dirigida por David R. Bowen.
Dahmer (2002), de David Jacobson.
Dahmer - Monstruo: La historia de Jeffrey Dahmer (2022), serie de TV.

AILEEN WUORNOS

Lethal Intent (2002), de Sue Russell.
Aileen Wuornos: The Selling of a Serial Killer (1993), dirigida por Nick Broomfield.
Aileen: Life and Death of a Serial Killer (2003), dirigida por Nick Broomfield.
Monster (2003), dirigida por Patty Jenkins.
Aileen Wuornos: American Boogeywoman (2021), dirigida por Daniel Farrands.

YOUNG-CHUL YOO

The Chaser (2008), dirigida por Na Hong-jin.
El asesino del impermeable: A la caza de un depredador en Corea (2021), serie de TV.

ÍNDICE

CRÉDITOS FOTOGRÁFICOS

Bettmann/ Gettyimages: página 147
Bundesarchiv: página 124
Bundesarchiv / Georg Pahl: páginas 121, 123
Bundesarchiv / Heinrich Hoffmann: página 133
Fair Use / Wikipedia: página 190 (arriba)
ixhsan / Shutterstock.com: página 166
Jess Kraft / Shutterstock.com: página 200
Jürgen Howaldt / Wikipedia: páginas 73 (arriba), 75
Luis García Maña / Wikipedia: página 76
Massimo Salesi / Shutterstock.com: página 37
Revere Senior High School / Wikipedia: página 188 (abajo)
umdash9/gettyimages: página 160
Wellcome Collection gallery: página 14

AGRADECIMIENTOS

El autor quiere agradecer a ChatGPT y otras inteligencias artificiales
que aún no sean capaces de escribir libros como este, con tanta sangre
como cariño.

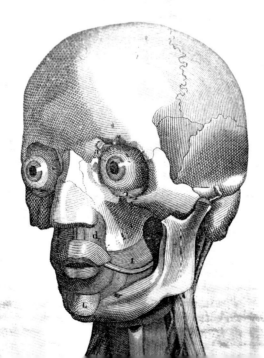